Verlassen

Murielle TAISNE

VERLASSEN

*《 20 Jahre auf der Suche
nach meiner Geschichte 》*

20 Jahre auf der Suche nach meiner Geschichte

 Verlassen

Murielle TAISNE

VERLASSEN

《 20 Jahre auf der Suche nach meiner Geschichte 》

.

Verlag: BoD – Books on Demand
12/14 rond-point des Champs Elysées
F – 75008 Paris
gedruckt von BoD - Books on Demand,
Norderstedt
ISBN : 978-2-322-13829-6
Jahr : 02-2017

Widmung

Für meinen wunderbaren Ehemann Holger: meine Stütze und meine Kraft und meine beiden wunderbaren Kinder Cédric und Mathis, die in einer Familie mit festem Zusammenhalt aufwachsen.

Für meine Schwester und meine Brüder, für meine Eltern.

Für meine Freunde, nah und fern, und alle, die mir geholfen haben voranzukommen... und für Catherine.

Für die Kollegen, denen ich mein Projekt anvertraut habe und die an mich geglaubt haben. Für diejenigen von ihnen, die meine Geschichte lesen und kennenlernen.

Für alle, die mir in meinem Leben begegnet sind.

Und meinen Dank an Dani, die mir dabei geholfen hat, meine Geschichte aufzuarbeiten.

Einige Worte zur Autorin:

Murielle, 51, stammt aus Valenciennes und lebt seit über 20 Jahren in der Nähe von Frankfurt. Sie ist verheiratet, Mutter zweier Kinder und arbeitet als Marketing Managerin für ein großes Unternehmen in Frankfurt.

Sie spricht 8 Sprachen, davon 5 fließend und interessiert sich für Informatik. Alles um sie herum saugt sie « wie ein Schwamm » auf, immer bereit zu lernen, Neues zu entdecken und zu staunen.

Es handelt sich um ihr erstes Buch. Aber Murielle schreibt schon, seit sie 15 ist, vor allem Gedichte und Romane, die sie bald veröffentlichen möchte.

Am 8. Mai 1977, dem Tag ihrer Erstkommunion, war Murielle 11 Jahre alt. Nur wenige Tage später verlässt ihr Vater sie, ihre Mutter und ihre drei Geschwister. Schon seitdem sie 6 Jahre ist, war sie unfreiwillig Zeugin der Untreue und der Betrügereien des Vaters. 20 Jahre lang wird sie ihn, hin und hergerissen, verabscheuen, lieben und ignorieren - um dann doch nach ihm zu suchen.

... mehr als nur eine Autobiographie handelt dieses Buch von Versöhnung, Verlassensein, Scheidung, Fehlen einer echten Verbindung zwischen Tochter und Vater und auch der Mutter. Sie ist ein hervorragendes Beispiel für Mut und dafür, dass wir uns unseren Weg selbst wählen können. Sie feiert das Leben, Murielles Leben.
Es ist so, wie Murielle nicht müde wird zu betonen: „ Ich bin wie der Schilfhalm, ich beuge mich, aber ich breche nicht! "

Offener Brief

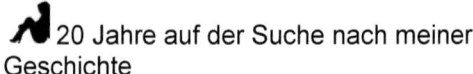

Offener Brief

Warum? Dieses magische Wort, so reich an Konsequenzen, Fragen, Geheimnissen, an Wissen und Verständnis, beantwortet leider nicht alles.
Auch ich habe keine Antworten, zumindest nicht in diesem Augenblick.
Warum habe ich so gehandelt? Ich weiß es nicht.
Ein Jugendfehler? Sicherlich. Unfähigkeit Verantwortung zu übernehmen? Wohl auch. Wie dem auch sei, ich bin nicht stolz auf das, was ich vor 30 Jahren getan habe und zahle jetzt dafür den Preis.
Die, die ich verraten habe, begegnen mir mit Liebe und Verständnis. Ich selbst war dazu nicht fähig.
Das hat mich im Angesicht meines fortgeschrittenen Alters aufgebaut. Ich

weiß jetzt, was es bedeutet, seinen Nächsten zu lieben.

Ich habe es schon deiner Mutter, deiner Schwester und deinem großen Bruder gesagt – und deinem kleinen Bruder hoffentlich auch bald:

Ich bitte dich aus tiefstem Herzen um Verzeihung und hoffe, dass ich es noch wert bin.

Am Abend meines Lebens und an der Schwelle zum Tod, ist es mir wichtig, dir zu sagen, wie sehr ich alles bedaure. Ich wäre so gerne mit meinem Gewissen im Reinen. Vielleicht gelingt mir das in der Zeit, die mir noch bleibt. Damit ich mich endlich wieder im Spiegel ansehen kann.

Genug philosophiert.

Du sollst wissen, dass ich sehr stolz bin auf meine Kinder, ihren vergangenen und noch kommenden Erfolge. Besonders auf dich, meine große Murielle. Ich habe nie daran gezweifelt, dass du eine Kämpferin bist und dass du es beruflich und privat schaffen wirst.

Das ist wie Balsam auf meiner Seele. Danke dafür und für die wundervollen

Enkelkinder. Sie sind bestimmt sehr intelligent. « *Der Apfel fällt nicht weit vom Stamm.* » Ich freue mich, dass du einen liebevollen Ehemann gefunden hast.

Du hast es verdient. Sei ausgeglichen und glücklich.

Nimm mich nicht als Beispiel - das tut am Ende zu weh.

Ich liebe dich, meine Tochter, und bitte dich noch einmal um Verzeihung.

Dein Vater, 15.9.2008

Vorwort

Vorwort

Wo soll ich anfangen? Wie und wem mit 50 Jahren mein Leben erklären?

Meinem geliebten Mann ? Nein. Und zwar genau weil ich ihn liebe und er all meine Marotten in den letzten 20 Jahren ertragen hat.

Meinen Kindern? Auf keinen Fall. Ich liebe sie zu sehr, um sie da mit hineinzuziehen.

Meiner Mutter? Auch nicht. Sie war noch nie sehr einfühlsam – ganz im Gegenteil - und mein ganzes Leben lang abwesend.

Meinem Vater? Ich habe ihn letztendendes nur wenig gekannt. Er verstarb am 3. Januar 2009. Es hat mich etwas Überwindung gekostet, ihn wiederzusehen und nur wegen seiner Krankheit entschied ich mich, ihn wenige Tage vor seinem Tod zu besuchen – 20 Jahre nachdem ich die Brücken zu ihm abgebrochen hatte. Aber eigentlich war er es, der uns verlassen hatte, seine vier Kinder und seine Frau, meine Mutter.

Wie kann ein Vater nur so etwas tun und vier kleinen unschuldigen Kindern solches Leid aufbürden? Sie hatten um all das nicht gebeten.

Vier Kinder gezeichnet fürs Leben, vier Kinder, die gelitten haben.

Mein Vater. Eine lebenslange Wunde.

Diese Wunde, die aus mir gemacht hat, was ich heute bin, mit meiner Mühsal aber auch meiner Kraft.

Wem sollte ich meine Erfahrungen und meine Verletzungen mit meinen 50 Jahren anvertrauen?

Meiner Schwester? Ja. Sie ist meine Vertraute, meine geliebte Freundin. Wir sagen uns das nicht oft, aber wir wissen es beide. Meine Schwester, ich bin stolz auf Dich!

Auch sie ist eine Kämpferin. Sie musste ganz ohne Vater aufwachsen, denn sie war erst 2, als er uns verließ. 2 Jahre alt!

Meinem großen Bruder? Nein. Er wohnt weit entfernt und ist sehr mit sich und seinem Leben beschäftigt. Er lebt in seiner Welt. Aber er ist und bleibt mein Bruder.

Meinem kleinen Bruder? Er ist der am wenigsten Einfühlsame von uns vier. Natürlich hat auch er unter der Abwesenheit gelitten. Darum spielt er nun den Starken und hat sein Herz mit einem Schutzpanzer umgeben. Im Grunde ist er ein Familienmensch, der sich sehr mit Werten und Traditionen verbunden fühlt.

An Personen außerhalb der Familie? Ich habe Freundinnen und Freunde, Bekannte, Kollegen und ehemalige Kollegen. Aber kann man sich in die Lage eines anderen versetzen, wenn man all das nicht selbst durchgemacht hat?

Kann man jemanden mit nur einem Bein verstehen, wenn man selbst noch beide hat? Natürlich kann diese Person laufen, aber die Ausgangsbedingungen sind nicht dieselben.

Freunde? Ja. Ich habe etliche. Aber wer von ihnen wäre in der Lage, mich zu verstehen?

Meine Freundin Petra in Frankfurt? Sie kennt meine Geschichte und sieht mich als eine starke Persönlichkeit...

Meine Freundin Barbara aus Frankfurt... Sie ist sehr verständnisvoll, aber ich will sie mit meiner schweren Vergangenheit nicht belasten. Dazu schätze ich sie viel zu sehr.

Meine Freundin Sophie aus Italien? Ihr Leben ist so ähnlich wie meines verlaufen.

Dani, die Mutter eines Freundes meines Sohns? Ja, ganz bestimmt. Auch ihr Leben gleicht meinem in vielen Punkten. Und sie hat es sich zu ihrem Beruf gemacht, anderen zu helfen und sie wieder aufzurichten. Sie weiß schon lange, dass ich an meinem Buch arbeite. Ein Traum, der nun Wirklichkeit

geworden ist. Sie hat mich unglaublich unterstützt und aufgebaut.

Meine Freundin Estelle aus Frankreich? Ja, mit ihr könnte ich über alles reden. Sie kennt mein Leben. Aber sie ist ziemlich behütet in einer intakten Familie aufgewachsen. Darum möchte ich mich ihr nicht anvertrauen.

Meine Brieffreundin, Montserrat aus Spanien? Sie kennt vieles aus meinem Leben, aber nicht die Details. In einer anderen Sprache findet man oft nicht die passenden Worte, um seine Gefühle auszudrücken. Auch Montse ist in einem heilen Familienumfeld groß geworden. Sie hat niemals geheiratet, hat keine Kinder und lebt immer noch in ihrem Geburtsort. Sie ist mit sich selbst zufrieden und hängt sehr an ihrer Familie.

Mein spanischer Freund Pere, den ich 20 Jahre lang aus den Augen verloren hatte und den ich schließlich wiedergefunden habe? Er ist für mich ein ganz besonderer Mensch! Er war mein Brieffreund während der Schulzeit und ich erinnere mich sehr gerne daran. Er war der Grund für meine erste Reise nach Spanien, ein Land, in das ich mich verlieben sollte. Und er war der erste Junge, dem ich meine Liebe schenkte. Jetzt, dreißig Jahre später, liegt eine lange schmerzliche Scheidung hinter ihm. Er wuchs als Einzelkind auf, eng verbundenen mit seiner Familie. Aber auch ihn hat das Leben nicht nur verwöhnt. Seine Scheidung kurz nach der Geburt seiner Tochter hat ihm viel abverlangt und er musste danach wieder auf die Beine kommen.

Ich werde später auf ihn zurückkommen, denn er spielte für mich eine entscheidende Rolle dabei, Gefühle wieder zuzulassen und zu lieben.

Meine Kollegen? Sicherlich. Einigen habe ich mich hier und da anvertraut. Mein ganzes Leben wollte ich dennoch nicht vor ihnen ausbreiten. Sie wissen aber, dass ich dieses Buch schreibe.

Eine Therapie? Hätte ich machen sollen. Doch zu mehr als drei Sitzungen in meiner Kindheit hat es nie gereicht.

Ein Intelligenztest hat damals ergeben, dass ich sehr intelligent sei und « viel Potenzial » besäße. Potenzial. *Was bedeutet das schon, wenn niemand da ist, um einen zu stützen und zu begleiten? Wie sieht ein elfjähriges Mädchen ihr Leben, nachdem der Vater weggegangen ist und die depressive Mutter abends nur noch weint?*

Wie sieht ein Kind auf ein Leben, das voller Probleme und psychischer Gewalt steckt?

Wie soll es sich der Zukunft stellen, wenn seine Vergangenheit voller Hindernisse ist?

Ein Psychologe kümmerte sich damals um mich, weil meine Hände im Handarbeitskurs zu zitterten begannen. Die Lehrerin beklagte sich bei meiner Mutter, ich sei zu aufgekratzt und einfach unerträglich - ohne zu wissen, was mir zu schaffen machte. Ende der siebziger Jahre war es nicht üblich, über Scheidung offen zu sprechen. Trennungen im gegenseitigen Einvernehmen gab es nicht. Es galt die Schuldfrage.

In der Schule wurden meine Leistungen schlechter. Die meiste Klassen-kameraden wollten mit mir nichts zu tun haben. Das galt sogar für einige Lehrer.

Meine Geschichte ist schmerzhaft, sehr sogar. Aber sie ist auch lehrreich und hat mein Leben ausgesprochen bereichert.

In meinem früheren Leben habe ich oft geweint und hatte das Vertrauen in mich verloren. Ich war auf der Suche nach meiner eigenen Geschichte.

Ich bin wie der Schilfhalm: « *Ich beuge mich, aber ich breche nicht* ». Ich bin stark.

Die meisten, die ich in meinem Leben getroffen habe, werden in diesem Buch nicht namentlich erwähnt. Davon ausgenommen sind meine Freunde, weil sie mir lieb und teuer sind. Aus ihnen habe ich meine Kraft gezogen zu kämpfen.

Dennoch sind diese namenlosen Personen, die uns in diesem Buch begegnen, ein wichtiger Teil meiner Geschichte. Dafür bin ich ihnen dankbar.

Aus Respekt gebe ich auch meinen Familienmitgliedern keine Namen. Diejenigen, die sich im Zentrum meiner Erzählung befinden, bezeichne ich als *Er* oder *sie*

Er hat viele Bedeutungen: mein Vater, Papa, mein Elternteil oder einfach nur mein Erzeuger. Ich bin zufrieden mit meinem Leben. Es hat aus mir die starke Person gemacht, die ich heute bin. Es hat mich geformt und mich gelehrt, nie aufzugeben. Ich bin dankbar für meine Vergangenheit. Die Zeit meiner Kindheit hat mich vieles gelehrt. Und weil sie oft so hart war, schätze ich mein gegenwärtiges Leben umso mehr.

Danke für ein ereignisreiches Leben und vielen Dank, dass ich mich mit Danis Hilfe wieder mit meiner Vergangenheit versöhnen konnte.

1965

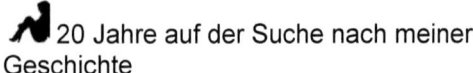

Das Jahr meiner Geburt

Ich kam am 18. September 1965 in Nordfrankreich zur Welt, bin die Zweitälteste von vier Kindern. Mein großer Bruder wurde 1963 geboren, mein kleiner Bruder 1968 und die Jüngste 1974.

Mama stammt aus einer polnischen Einwandererfamilie. Mein Großvater väterlicherseits bezeichnete sich selbst als « gescheiterter Arbeiter aus bürgerlichen Verhältnissen ». Arbeiter, weil seine Eltern welche waren und er als Schweißer sein Geld verdiente, obwohl er – außergewöhnlich für die damalige Zeit – eine abgeschlossene Ausbildung zum Architekten besaß. Mein Großvater hat seinen Vater nie kennengelernt.

Er fiel 1914 im Krieg.

Meine Großmutter mütterlicherseits

wuchs auch ohne Vater auf. Er starb, als sie 2 Jahre alt war.

Die Eltern meiner anderen Großmutter ließen sich scheiden - unerhört für diese Epoche. Ihren Vater lernte sie ebenfalls nie kennen.

Die kulturelle Verschiedenheit beider Familien, zwischen Alteingesessenen und polnischen Zuwanderern, ist wichtig und hat unser Leben entscheidend geprägt.

Die Eltern meiner Mutter arbeiteten in den Kohleminen und erwarteten von ihren Kindern, es ihnen gleich zu tun und das Arbeitermilieu nicht zu verlassen.

Mein Großvater väterlicherseits hatte in einem Architekturwettbewerb den ersten Preis gewonnen, seinen Beruf aber nie ausgeübt. Ganz im Gegenteil. Er verdiente Zeit seines Lebens seinen Unterhalt als Schweißer. Seine Frau arbeitete als Köchin in, wie sie sich ausdrückte, « guten Häusern ». An beide habe ich keine sehr positiven Erinnerungen, denn sie stritten sich

unentwegt mit meiner polnischen Mémé, die nur wenige Straßen von ihnen entfernt wohnte.

Unser Makel bestand in den Augen meiner französischen Großeltern darin, dass wir polnisches Blut in unseren Adern hatten.

Meiner Mutter begegneten sie nie mit Wertschätzung. Von Anfang an waren sie gegen die Hochzeit mit ihrem Sohn.

Wenn wir die einen Großeltern besuchten, achteten wir immer peinlich darauf, auch bei den anderen vorbei zu schauen, um sie nicht zu verstimmen.

Als ihr Mann 1966 an Gelbsucht starb, wurde Mémé Witwe. Beide waren bereits als junge Menschen nach Frankreich gekommen. Dort hatten sie sich kennengelernt und 1923 geheiratet. Meine Großmutter war zu diesem Zeitpunkt erst 19 Jahre alt.

Ich habe keine Erinnerungen an meinen polnischen Großvater. Man sagt, er sei sehr autoritär und kalt gewesen. Dagegen erinnere ich mich sehr gut an meine polnische Großmutter Mémé, die erst 2005 verstarb. Wir verbrachten eine lange gemeinsame Zeit, voll von Erinnerungen, die nicht immer die besten waren. Ich werde später darauf zurückkommen.

Die Vorgeschichte meiner Eltern ist für das Verständnis sehr wichtig. Besonders die meiner Mémé, die schon in jungen Jahren zur Vollwaise wurde. Als ihr Vater starb, war sie zwei. Mit 9 verlor sie auch noch ihre Mutter. Sie konnte sehr liebevoll sein, aber auch sehr streng. Das liegt vermutlich daran, dass sie ohne Eltern groß wurde. So wuchs sie bei ihrer großen Schwester auf. Beide gingen später nach Frankreich und bei ihr blieb sie, bis zu ihrer Hochzeit im Jahr 1923. Aus der Ehe gingen drei Kinder hervor. Zwei Jungen und ein Mädchen, meine Mutter.

Die Lieblingsenkel meiner Großmutter Mémé waren eindeutig die Kinder ihrer beiden Söhne. Denn mit ihren Schwiegertöchtern fühlte sie sich herzlich verbunden. Meine Mutter

hingegen hatte einen « echten Franzosen » geheiratet. Mein Vater stammte aus einem völlig anderen sozialen und kulturellen Milieu - schlimmer noch, einem französischen. Dafür verabscheute sie ihn und war gegen die Hochzeit mit meiner Mutter.

Wenn meine Cousins und Cousinen bei Mémé zu Besuch waren, überschlug sie sich jedes Mal für sie. Kaum waren sie da, wurden sie von ihr bestürmt und mit Küssen überschüttet. Schließlich waren sie die Kinder ihrer geliebten Söhne.

Zu meiner Mutter hingegen war sie sehr abweisend. Nie empfing sie uns mit derselben Herzlichkeit, wie die anderen. Bei den Eltern meines Vaters sah es nicht besser aus.

Ich erinnere mich noch, als wir an Weihnachten bei ihnen waren, um Pépé und Mamie unsere Wünsche zu überbringen. Meine Cousins hatten gerade ihr Weihnachtsgeschenk bekommen: eine HiFi-Anlage! Welch ein Luxus. Ich erinnere mich auch an unser

Geschenk. Mein großer Bruder bekam einen hellbraunen Pullover mit roten Streifen. Mein kleiner Bruder erhielt denselben, nur in dunkelbraun. Für mich gab es kakifarbene Socken. Ich weiß noch genau, wie rau und kratzig sie waren.

Dennoch erinnere ich mich gerne an viele besondere Momente vor 1972. Die Geburt meines kleinen Bruders, den ersten « Ausflug » meines großen Bruders mit dem Fahrrad, der jäh auf dem Bürgersteig endete, woraufhin er an der Augenbraue genäht werden musste.

Ich erinnere mich an die Mäuse, die in unserer Wohnung herumliefen und die wir mit « Tim und Struppi »-Heften erschlugen, weil deren Einband dafür die nötige Stabilität besaß.

Ich denke an die Einkäufe im Supermarkt und die ersten großen Vollmilch-Nuss Schokoladentafeln, die wie Samstagabend kauften.

Und dann gab es da noch wundervolle Momente im Kindergarten

und in der Grundschule, wo ich tolle Kameraden fand.

Es gab in meiner Schulzeit viele frohe, unbeschwerte Augenblicke. Ich war eine sehr gute Schülerin, die viele « Pluspunkte » sammelte, war aufgeschlossen und ausgeglichen. Gleichwohl war ich auch ein Plappermaul.

Ich weiß noch wie mir meine Mutter eines Nachmittags im Bad die Haare kämmte und mir leicht genervt « androhte », mir ein Bündel zu schnüren und mich von zu Hause wegzuschicken. Sie nahm einen Stock, ein Tuch und wickelte Kleidungsstücke darin ein.

Meine Mutter war an diesem Tag bestimmt sehr müde. Es erging ihr oft so, auch wenn sie das abgestritten hätte.

Ich war jedenfalls äußerst schockiert von dieser Aktion, zu der sie sich hatte hinreißen lassen. Wo sollte ich nur hingehen? Wo würde ich schlafen?

Ich erinnere mich an den Unfall meines kleinen Bruders, bei dem er sich ernsthaft an der Hand verletzte. Und wie sich meine Mutter mit uns dreien an diesem Nachmittag auf die Suche nach einem Arzt machte, um die Wunde nähen zu lassen.

Vor allem aber sind mir die Leere und das Fehlen meines Vaters im Gedächtnis geblieben. So manchen Abend warteten meine Mutter und ich, aufgestützt auf die Fensterbank, dass mein Vater endlich von der Arbeit heimkommt. Oft kam er spät nach Hause. Oft gab er vor, er habe eine Motorpanne oder kein Benzin mehr gehabt.

Einmal hat er sogar behauptet, er habe das Auto eigenhändig nach Hause geschoben, weil der Tank leer gewesen sei. Meine Mutter glaubte ihm.

Ich erinnere mich nur sehr vage an unseren gemeinsamen Urlaub in der Normandie. War mein Vater damals wirklich bei uns? Ich kann es nicht mehr sagen. Meine Mutter hat mir erzählt, er habe seine Tage zusammen mit anderen Urlaubern beim Pétanque-Spielen

verbracht, während Mama und wir allein am Strand waren.

Ich weiß noch ganz genau, wie mein Vater meinen großen Bruder vor den Fernseher setzte und ihm sagte: « Auf, mach dich schlau und lerne. Für Murielle ist das nicht wichtig. Sie ist ja nur ein Mädchen. Sie muss nicht lernen, denn sie wird später einen reichen Mann heiraten. »

Dann gab es noch diesen Nachbarn, von dem ich meine Phobie gegen Spinnen habe. Er machte sich einen Spaß daraus, sie mit seinem Fahrrad zu zerquetschen.

An eines erinnere mich noch genau: wie mein Vater, ein großer Fan klassischer Musik, sonntags Beethoven hörte. Und an ein Picknick mit der Familie im Wald, zusammen mit unserem Nachbarn, mit dabei unser Dalmatiner Jupiter.

Habe ich etwa absichtlich die schönen Momente meiner frühen Kindheit verdrängt?

Wenn ich meiner Mutter Glauben schenke, ist dem nicht so. Denn mein

Vater war von Anfang an in meinem Leben überhaupt nicht präsent.

Schließlich, an dem Tag, als dieses junge Mädchen in unser Haus kam, änderte sich alles. Unser Leben wurde komplett auf den Kopf gestellt.

1972

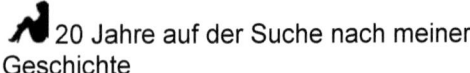

Sie ist da

E s war Nachmittag. Die Schule war aus. Frühlingszeit.

Sie war 17 und mein Vater hatte sie in unser Haus geholt, damit *Sie* Mama zur Hand gehen und entlasten könnte.

Aber auch, weil *sie* in ihrem eigenen Zuhause sehr unglücklich gewesen war und oft von ihrer Mutter geschlagen wurde. Damals arbeitete mein Vater bei einer Versicherung. Den Job hatte ihm sein Bruder verschafft, der ihm versicherte, dass man da « viel Geld » verdienen und bald sehr reich werden kann. Ich erinnere mich noch genau. An dem Tag, als *sie* zu uns kam, trug sie einen terracottafarbenen Pullover, eine lange grüne Weste und einen extra kurzen Minirock. Auf den ersten Blick wirkte *Sie* sehr schüchtern. Mit ihren langen schwarzen Haaren und ihren grünen Augen gab sie ein sehr beeindruckendes Bild ab. Ich sah in *ihr* gleich nicht nur den Babysitter, sondern die große Schwester, die ich nie hatte.

Ihre Aufgabe war es, sich um uns zu kümmern (mein großer Bruder war 9, ich 7 und der kleine 4) und sehr schnell fühlten wir uns mit *Ihr* eng verbunden, mit diesem Mädchen, das offensichtlich einen sehr starken, dominanten Charakter besaß.

Anfangs war Mama sehr zufrieden mit der Unterstützung, die sie durch *sie* erhielt. Aber bald schon lernte sie *sie* zu fürchten. *Ihre* Stimmung konnte nämlich vom einen zum anderen Moment kippen. Aus Lachen wurde Weinen, aus Liebeswürdigkeit Bosheit. Sie zögerte nicht zu schlagen oder einen riesigen Aufruhr zu veranstalten. *Sie* erwies sich als äußerst besitzergreifend und eifersüchtig.

Das ging so weit, dass sie versuchte, Mama und die Ehe meiner Eltern zu zerstören. Denn sie standen ihrer offensichtlichen Beziehung zu meinem Vater entgegen.

Papa und Mama waren beide 32 Jahre alt. Meine Mutter konnte sich im Traum nicht vorstellen, dass *sie* seit über einem Jahr seine Geliebte war und dass er *sie* nur deswegen zu uns in die Familie geholt hatte, damit *sie* in seine Nähe sein konnte.

Wenn Mama zur Arbeit ging und wir in der Schule waren, lebten sie beide ohne jedes Schamgefühl ihre Beziehung aus. *Sie* war aber nicht die einzige Beziehung meines Vaters. Dabei half ihm sein Job als Versicherungsvertreter. Er war wie ein Raubtier ständig auf der Suche nach neuer Beute. Und davon gab es reichlich.

Er hat sich später oft deswegen gerühmt und damit anderen in seiner nächsten Umgebung viel Leid beschert. Er traf sich mit Kollegen von zweifelhaftem Ruf, die ihn recht schnell in die falsche Richtung führten. Er nahm schlechte Gewohnheiten an und begann zu trinken.

Seine Arbeitszeiten waren, wie in der Versicherungsbranche üblich, sehr unregelmäßig. So verließ er das Haus oft zu fortgeschrittener Stunde und kam, wenn er neue Kunden warb, entsprechend spät wieder zurück. Gab es eine Vertragsunterzeichnung, war er danach nicht selten auch betrunken.

Vor allem aber kam er deswegen spät nach Hause zurück, weil er etliche außereheliche Beziehungen unterhielt - neben der mit *Ihr*.

Gleichwohl, Schritt für Schritt, weil Mama nach langen Schichten immer sehr müde war und auch weil unser Vater fast nie daheim war, hingen wir immer stärker an dieser Frau, die für uns die Rolle einer großen Schwester übernommen hatte. *Sie* las uns Geschichten vor oder erzählte eine, wenn sie uns ins Bett brachte. Ich fühlte mich zwischen meinen beiden Brüdern eingeengt und war froh, eine Freundin gefunden zu haben, von

der mich lediglich 11 Jahre trennten. Stolz sprach ich über *sie* in der Schule. Ich genoss es, wenn *sie* mich zur Schule brachte.

Nach und nach gewann *sie* in unserer Familie immer mehr an Bedeutung. Manchmal zog *sie* sogar die Sachen meiner Mutter an.

Jahre später erfuhr ich, dass *sie* aus purer Eifersucht den Verlobungsring meiner Mutter in den Müllschlucker geworfen hatte.

Ebenfalls viel später erzählte mir meine Mutter, dass sie Angst vor *Ihr* hatte wegen *ihrer* Eifersuchts–Schübe und ihrer unvermittelten Gewaltausbrüche.

Als kleines Mädchen habe ich etlichen dieser Szenen beigewohnt.

Eine ist mir in ganz besonderer Erinnerung geblieben und hat mich bis heute geprägt. Auf dem Rückweg von den Großeltern kam es im Auto zu einer dramatischen Schlägerei zwischen meinem Vater, meiner Mutter und *ihr*. Wir drei Kinder saßen derweil nicht angeschnallt auf dem Rücksitz, was in den Siebzigern völlig normal war.

Wie kam es zu diesem Streit? Ich weiß es nicht mehr, aber ich erinnere mich noch genau, wie *sie* sich mit sichtlichem Vergnügen auf meine Eltern stürzte, um Vater die Nase und Mutter den Hals zu zerkratzen. Papa musste das Auto anhalten, um sich der Angriffe erwehren zu können. Ich sehe noch genau vor mir, wie Vater unter den Verletzungen litt, die ihm diese Tigerin beigebracht hatte, an seine blutende Nase und an den blutverschmierten Hals meiner Mutter.

Von diesem Tag an, war nichts mehr so wie vorher. Das galt besonders für meinen großen Bruder, der seitdem viel Abstand von *ihr* hielt.

Nachdem ein paar Monate vergangen waren, gelang es *ihr* dennoch, das Vertrauen meines kleinen Bruders und meines wieder zu gewinnen.

Während Mama, bedingt durch die anstrengende Arbeit, erschöpft und nicht ansprechbar war und *sie* bewusst auf

Abstand hielt, näherte ich mich dieser Frau immer weiter an. Denn *sie* hörte mir aufmerksam zu, wenn ich mich *ihr* anvertraute.

Sie war es, die mich anzog, mich frisierte und meine zerkauten Fingernägel pflegte, so stark dass ich jedes Mal blutete. *Sie* war es auch, die in mir die Angst vor Spinnen bis ins Panische verstärkte, denn auch *sie* hatte vor ihnen Angst.

Und doch war *sie* es, der ich mich immer anvertraute, wenn ich von der Schule zurückkam.

Mama glänzte merkwürdigerweise durch Abwesenheit. Sie schien wie ausgelöscht.

Sie arbeitete im Krankenhaus und kam oft spät nach Hause. Mein Vater arbeitete als Selbständiger für eine große Versicherungsgruppe und fühlte sich dabei pudelwohl. So hatte er viele Gelegenheiten, Frauen kennenzulernen. Als ausgemachter Schürzenjäger war er ganz in seinem Element, wie er immer wieder stolz bemerkte. Schon als junger

Mann war er von den Frauen fasziniert. Ich bin mir sicher, dass er meine Mutter aus Liebe heiratete. Aber auch, um dem Druck seiner Eltern zu entkommen. Dennoch hat er meine Mutter fast von Anfang an betrogen. Mein Vater erzählte mir oft, dass er sich von seinen Eltern zurückgesetzt und benachteiligt fühlte. Darunter und auch darunter, dass sein kleiner Bruder ihm vorgezogen wurde, hat er sehr gelitten.

Mein Vater war von 1958 bis 1962 im Algerienkrieg. Während seiner 4 Jahre in Algerien nahm er an Massakern, Vergewaltigungen und vielen anderen scheußlichen Dingen teil. Ohne Zweifel haben ihn die traumatischen Erlebnisse dieses mörderischen Krieges fürs Leben gezeichnet. Es wäre gut gewesen, wenn er eine Therapie gemacht hätte.

Der Krieg richtet so viel Verwüstung an. Leider ist meine Mutter keine starke Persönlichkeit. Sie hätte eingreifen müssen und versuchen müssen, meinem Vater zu helfen. Aber wie soll man ihr das vorwerfen? Sie liebte ihn einfach.

Er war ihr erster Freund und die große
Liebe ihres Lebens.

1973

Der Umzug

Nachdem wir so ein Jahr lang zusammenlebten, entschieden sich Mama und Papa, in eine Nachbarstadt zu ziehen. Ohne *sie*. Wir verließen unsere Wohnung und lebten nun in einem hübschen Haus aus den dreißiger Jahren, dessen Stil typisch für Nordfrankreich war. Das Haus hatte einen riesigen Garten, im Erdgeschoss ein Wohnzimmer, ein Esszimmer, eine große Küche, eine Veranda und oben zwei große Zimmer.

Im Sommer verbrachten wir jede freie Minute im Garten. Es war schön dort, vor allem, weil mein Vater dort unzählige Pflanzen und Blumen gesetzt hatte. Ich hatte dort eine kleine Ecke, wo ich hübsche Vergissmeinnicht und Bohnen angepflanzt hatte.

Gegenüber war ein großer Park, wo wir Kinder gerne hingingen und Personen aus unseren Lieblingssendungen nachspielten wie zum Beispiel « Les Champions ». Ich war die Hauptdarstellerin « Sharon ». Oder wir waren die Helden aus « Au cœur du temps », die durch den « Chronogyre », einer Art Zeittunnel, in verschiedene Epochen geschickt wurden. In der Ritterzeit spielte ich Prinzessin « Sally », in die sich « Toni Newman » unsterblich verliebt hatte.

Mama arbeitete immer mehr und war so gut wie gar nicht mehr zu Hause. Ich verbrachte meine freie Zeit, meist mittwochs, mit Schulfreundinnen, die etwas außerhalb wohnten.

Sie hatte eine Maisonnette–Wohnung in einem kleinen Haus vor der Stadt bezogen. *Ihre* Unterkunft war traurig und düster. Das ganze Haus strahlte diese Traurigkeit aus. Immer wenn ich dort war, fühlte ich mich unwohl. Die Wohnung hatte überhaupt keine Seele.

Mein Vater und ich statteten *ihr* regelmäßig einen Besuch ab. Ich verstand nicht, warum *sie* nicht mehr bei uns wohnte. Tatsächlich diente dieses Haus meinem Vater als Zuflucht. Dort konnte er *sie* ungestört treffen. Aber das wusste ich damals natürlich noch nicht.

In diesem Jahr ist viel passiert. Vor allem gab es große finanzielle Probleme.

Mein Vater arbeitete immer noch für die Versicherung, schloss mit den Kunden aber nicht mehr so viele Verträge ab. Neben der Eingangstür hatte er ein Schild für seine Versicherungsvertretung angebracht. Aber umgehend wurde er von den Hauseigentümern aufgefordert, es wieder zu entfernen, weil es gegen die Regeln war. Das hatte ihn sehr schockiert. Er war nicht fest angestellt, sondern arbeitete auf Provisionsbasis. So gab es nur sehr wenig Geld.

Dennoch hatten wir uns neue Esszimmermöbel geleistet. Sechs Stühle, eine Anrichte und eine große Vitrine.

Eines Abends, als wir alle zusammen in der großen Küche saßen, erschienen Leute von der Firma, bei der wir die Esszimmermöbel gekauft hatten. Zwei kräftige Möbelpacker fingen an, die neuen Möbel abzubauen. Mein Vater und meine Mutter sahen ihnen dabei zu und ich war wie gelähmt, als alles schließlich auf den Lastwagen verladen wurde.

Mein großer Bruder schloss sich im Badezimmer ein und weinte. Aber weder meine Mutter noch mein Vater gingen zu ihm, um ihn zu trösten. Das tat meine Großmutter väterlicherseits, die an diesem Tag bei uns zu Besuch war.

Das war ein harter Schlag für uns. Im Rückblick bin ich noch heute darüber schockiert, dass meine Eltern nicht einmal versucht haben, uns die Situation zu erklären und uns zu beruhigen. Leider gingen die finanziellen Probleme weiter. Oft hatten wir noch nicht einmal ausreichend zu essen und bleiben hungrig. Ich weiß noch, wie wir damals von der Stadt mit Essenspakten unterstützt wurden. Wir freuten uns

über das Weihnachtsgebäck und die Pullover, die sie uns schenkten. Von unseren Schulkameraden waren wir die einzigen, die auf diese Leistungen angewiesen waren, denn wir waren wirklich arm und hilfsbedürftig.

1973 war auch aus einem anderen Grund ein schwieriges Jahr, denn Mama hatte eine weitere Fehlgeburt.

Sie war übermüdet und angeschlagen. Die finanzielle Situation hatte sich weiter verschlechtert, als 1974 meine kleine Schwester, mein größtes Geschenk, geboren wurde.

1974

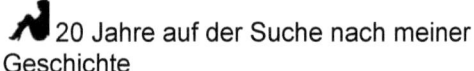

Die Geburt meiner Schwester

Nach zwei Fehlgeburten entschloss Mama, sich etwas auszuruhen. Doch wenige Wochen später stellte sich heraus, dass sie für Anfang November ein Kind erwartete.

Zur selben Zeit erfuhren wir, dass auch *sie* schwanger war. Seit einigen Wochen war sie wohl mit einem Gleichaltrigen zusammen und arbeitete in der Küche eines Krankenhauses. S*ie* war umgezogen, lebte nun in einem kleinen Zimmer und es schien so, als ob *sie* langsam aus unserm Leben verschwinden würde. Jedenfalls dachte das meine Mutter. Wir sahen sie immer seltener, außer wenn sie sich, müde von der Schwangerschaft, in *ihren* einsamen Momenten bei uns einnistete.

Etwas später eröffnete *sie* uns, dass *sie* sich von ihren Freund getrennt habe und nun vorhabe, das Baby allein großzuziehen.

1974 wurde *sie* offiziell als « minderjährige Mutter » eingestuft. Ihre Großeltern besuchten *sie* und hofften, *sie* würde angesichts ihres Zustands zu ihnen ziehen. S*ie* lehnte ab, denn sie hatte andere Absichten.

Sie stellte meinem Vater ein Ultimatum, sich zwischen *ihr* und meiner Mutter zu entscheiden. Er sagte dazu nur, dass er *sie* zu ihrer Mutter zurückschicken würde, wenn *sie* nicht endlich aufhören würde, sich zu beklagen.

Er hatte *sie* sogar dazu ermuntert, mit seinem Arbeitskollegen Edouard, einem wirklich abstoßenden Kerl, zu schlafen und ihn dazu zu bringen, ihr Kind anzuerkennen. Edouard war nämlich in *sie* verliebt. Aber *sie* ging nie auf seine Avancen ein

und blieb weiter mit meinem Vater zusammen.

Mama weinte viel und umso mehr, weil mein Vater sich weigerte zu glauben, dass das Kind, das sie in sich trug, von ihm sei. Er unterstellte ihr ungeheuerliche Betrügereien. Das war einfach unerträglich, vor allem für eine Schwangere. Ich sah, wie Mamas Bauch immer dicker wurde und hoffte, dass es ein Mädchen werden würde.

Mama war 34, als sie meine kleine Schwester zu Welt brachte. Mit 20 hatte sie ihr erstes Kind, einen Sohn, geboren.

Wenn ich *sie* so anblickte mit ihrem runden Bauch, ohne Mann an ihrer Seite, dann fragte ich mich immer, wer der Vater ihres Kindes sei. *Sie* traf sich mit niemandem, hatte keinen offiziellen Freund und arbeitete rund um die Uhr. Die letzten Monate ihrer Schwangerschaft verbrachte *sie* oft bei uns.

Papa war selten zu Hause und wir waren viel mit Mama allein, die alles irgendwie managen musste.

Die Ankunft meiner Schwester in unserem Haus war ein außerordentlich magischer Moment. Ich sehe noch, wie meine Mutter sie in ihren Armen trug und dass ich sie sofort übernahm und in meinen Armen hielt.

Ich setzte mich auf das Stoff-Kanapee, drückte sie fest an mich und schlief selig mit ihr ein. Sie war so wunderschön, ganz frisch und rosig und roch gut.

Ich erinnere mich an ein weiteres Mal, als mit ihr zusammen in meinem Bett einschlief. Sie war irgendwie unter das Bett gerollt und weckte mich mit ihrem Geschrei.

Ich kümmerte mich eifrig um sie, wickelte sie und gab ihr das Fläschchen.

Ich fuhr sie stolz im Kinderwagen spazieren. Sie war mein Baby, mein zauberhaftes Baby. Papa war nie da. Wenn er abends nach Hause kam, dann nur, um sich schon wieder zu betrinken. Eines Abends, er hatte viel getrunken, saß er am Tisch und fing an zu weinen.

Er wandte sich uns zu und wollte uns einen Kuss geben.

Ich fand das widerlich und war geschockt, denn sonst machte er so etwas nie.

Er hat uns höchst selten, eigentlich nie, geschlagen, aber er hat uns immer ignoriert. Er war einfach kalt, distanziert – oder betrunken.

Jedoch wollte er nicht, wie er zu sagen pflegte, dass sein großer Sohn genauso ein Versager werden würde wie er.

Er deckte ihn mit Büchern ein und setzte ihn schon sehr früh vor den Fernseher, zwang ihn förmlich, Dokumentarfilme zu schauen. Er hatte ihm auch alle Romane von Jules Verne gekauft. Ich sehe sie noch auf dem Kaminsims stehen. Für Mädchen wie mich, sagte er, wäre es allerdings nicht so wichtig, etwas zu werden. Noch unwichtiger, dass ich aus Liebe heiraten würde. Das einzige, was zähle wäre, einen guten Mann mit viel Geld zu finden.

Sie war nach der Geburt ihres Sohnes so gut wie aus unserem Leben verschwunden. Nun gut, wenigstens für ein paar Monate.

1975

Geld

Mit der Ankunft meiner kleinen Schwester, einem weiteren Familienmitglied, verschärften sich unsere finanziellen Probleme und das Geld wurde knappen. Papa schaffte es nicht mehr, genug zu verdienen.

Mama arbeitete als Krankenschwester im öffentlichen Dienst und hatte kein besonders hohes Gehalt. Sehr oft brachte sie das mit nach Hause, was die Kranken beim Essen übrig gelassen hatten. Manchmal waren es Madeleines, kleine Portionen Mus oder Butterstückchen. So hatten wir zu Hause einen Gratis-Nachtisch.

In der Schule schenkten sie uns etwas zu Weihnachten, bezahlt von der Stadt, oder auch mal Socken.

Anfangs gingen wir noch in die Schulkantine zum Mittagessen, so dass wir wenigstens etwas Warmes im Bauch hatten. Aber nur ein paar Monate später schloss uns die Schule davon aus, weil die Rechnungen zu unregelmäßig bezahlt wurden. Von da an kamen wir mittags immer nach einem 30-minütigen Fußmarsch nach Hause.

Mama war immer erschöpfter. Und nur wenige Tage später, nach einem langen Streit zwischen Mama und meinem Vater, erfuhren wir den Grund: Mama war wieder schwanger! Mama entschloss sich kurz darauf zu einer Abtreibung, was zu dieser Zeit bereits legal möglich war.

Der Eingriff wurde im Krankenhaus ambulant durchgeführt.

Ich erinnere mich an einen Sonntag. Meine Mutter lag den ganzen Tag mit Fieber im Bett. *Sie* war an diesem Tag bei uns und kümmerte sich um sie. Mama war zu schwach um aufzustehen. In der Schule lief es für mich bestens.

Ich war eine sehr gute Schülerin, die sich rege beteiligte. Ich war wohl auch ein ganz schönes Plappermaul, weswegen ich nicht mehr mit meiner Freundin in derselben Klasse sein durfte. Dennoch war es eine sehr schöne Zeit. Zwar war die Schule in der « Rue des Martyrs » alt, aber ich hatte viele Freunde. Normalerweise war ich immer unter den Klassenbesten. Im letzten Jahr in der école primaire (Grundschule) war ich Zweitbeste. Ich freute mich auf die 5. Klasse, wo ich meinem großen Bruder, der mein Vorbild war, nacheifern wollte. Dann würde ich auch Englischunterricht bekommen. Ich denke gerne an die Grundschulrektorin, die im 5. Klasse auch meine Klassenlehrerin war. Sie hielt viel von mir. 1975 war auch das Jahr, in dem ich mich auf meine Kommunion vorbereitete. Nachmittags war ich beim « Fripounet », einem Freizeitangebot der Kirchengemeinde, wo wir singen,

Theater spielen oder töpfern konnten. Das waren schöne unbeschwerte Momente, weit weg von unseren Geldsorgen und den Familienproblemen.

1976

Der Unfall

Ich erinnere mich an diesen Tag, als wäre es gestern gewesen. Es war Sonntag. Mama wischte gerade den Küchenboden. Meine Brüder spielten im Wohnzimmer und ich beschäftigte mich mit meiner Schwester. *Sie* war mit ihrem Kleinen bei uns zu Besuch.

Dieser Sommer war sehr heiß. Das Thermometer stieg auf 40 Grad. Mein Vater hatte sich entschlossen zu grillen. Er schüttete Holzkohle in den Grill und übergoss das Ganze mit Brennspiritus. Ein schwacher Wind blies und *sie* versuchte, die Glut durch Hin- und Herwedeln mit einem Kehrblech weiter anzufachen. Plötzlich entstand eine Stichflamme. Der Wind lenkte sie in Richtung meines Vaters.

Seine Wade fing sofort Feuer. Er schrie vor Schmerzen und rannte ins Badezimmer. Ich erinnere mich noch sehr genau an dieses Bild, wie er in seinem roten T-Shirt und der kurzen Hose davonrannte, während Feuer die Haare auf seinem Bein verbrannte.

Sie folgte ihm sofort, um ihm zu helfen und duschte sein Bein ab. Mama hatte von all dem noch nichts bemerkt und war immer noch dabei, die Küche zu wischen. Seine Haut war schwer verbrannt und Papa stöhnte vor Schmerz. Er versuchte sich zu beruhigen und entschied dann, sich ins Krankenhaus fahren lassen, da die Verletzung extrem wehtat.

Sie besaß aber keinen Führerschein, ebenso wenig meine Mutter. Außerdem hatten wir damals noch kein Telefon. So setzte sich mein Vater schließlich selbst in den Ford Taunus Kombi und fuhr los.

Dabei wurde er nicht von Mama, sondern – wieder einmal – von *ihr* begleitet. Mutter besuchte ihn dann abends im Krankenhaus. Nachdem er Hause zurückgekehrt war berichtete sie uns, dass Papa an den Beinen und Teilen des Gesäßes Verbrennungen dritten

Grades erlitten habe. Darum müsse er die nächsten Wochen oder möglicherweise sogar Monate im Krankenhaus bleiben.

1976 war nicht nur das Jahr mit einer ausgesprochenen Hitzewelle. Es war für uns Kinder auch der Beginn radikaler Veränderungen.

Wir besuchten unseren Vater regelmäßig im Krankenhaus in der Unfallchirurgie, wo auch Mama arbeitete. Als die Schule nach den großen Ferien wieder begann, kam Papa nach Hause zurück.

Wegen seiner langwierigen Genesung verlor mein Vater seine Arbeit. Da er noch nicht lange genug gearbeitet hatte, hätte es für ihn vermutlich auch kein Arbeitslosengeld gegeben. Jedenfalls hat er sich niemals beim Amt gemeldet, um seine Ansprüche geltend zu machen. Zu dieser Zeit galt es nämlich als Schande, arbeitslos zu sein. Offiziell gab es nur sehr wenige Menschen ohne Job.

Seitdem lebte die Familie von dem kleinen Krankenschwestergehalt meiner

Mutter. Es musste für vier Kinder und einen Ehemann reichen, dem das Nichtstun immer mehr zu gefallen schien. Mein Vater hat niemals mehr in seinem Leben gearbeitet.

Unsere finanzielle Lage war sehr schwierig geworden. Hatten uns die letzten Jahre schon viel abverlangt, so erschein die Zukunft noch viel düsterer. Von Zeit zu Zeit brachte *sie* uns restliches Fleisch aus der Klinik mit, wo sie arbeitete.

Dabei hatte *sie* viel riskiert, denn es war nicht erlaubt Lebensmittel mit nach Hause zu nehmen, die die Kranken übrig gelassen hatten. An diesen Tagen waren wir überglücklich, wieder mal Fleisch zum Essen zu bekommen.

Ende 1976 mussten wir in ein anderes Haus umziehen, weil der Besitzer mit seiner Familie selbst einziehen wollte. Das war traurig, denn wir liebten dieses große Haus mit seinem weitläufigen Garten voller Blumen sehr.

Unser neues Haus war nicht sehr schön. Es lag weit von Valenciennes

entfernt und die Fahrt zur Schule war oft problematisch. Es kam vor, dass Papa vergaß, uns abzuholen. Dann gingen wir über eine Stunde zu Fuß nach Hause.

Auch *sie* wechselte ihre Wohnung. Sie zog aus dem Zimmer in Valenciennes zusammen mit ihrem Sohn in ein « Studio ». Es bestand aus einem einzigen Raum, der von einem Vorhang geteilt wurde und lag in einer schlechten Gegend.

Der größere Teil des Raumes diente als Wohn- und Esszimmer. Das « Studio » war etwas heruntergekommen und die Toiletten dreckig. Genauso wie die Treppeneingang.

Manchmal besuchte ich sie dort. Eigentlich war es mein Vater, der mich zu *ihr* mitnahm. Ich plauderte mit *ihr* über belanglose Dinge oder guckte einfach nur Fernsehen. *Sie* schickte mich oft nach draußen, indem *sie* vorgab, mit meinem Vater etwas besprechen zu müssen. Was versteht man schon als Kind von 11 Jahren? Ich sollte es ein Jahr später herausfinden.

Verlassen

Mai 1977

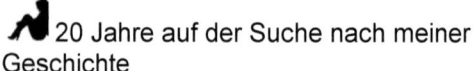

Meine Kommunion

Im Mai 1977 bereitete ich mich auf die Kommunion vor und freute mich darauf, in der Kirche mein Gewand zu tragen.

Die Kommunion wird in Frankreich traditionell an zwei Tagen gefeiert. Sonntags im großen Kreis und am Montag zusammen mit der engsten Familie.

Papa hatte für Montag einen Tisch im Restaurant reserviert und am Sonntag wollten wir im « Flunch », ein Selbstbedienungsrestaurant am Stadtrand, essen gehen.

Die Feier war keine einfache Angelegenheit, denn meine Großeltern wollten nichts miteinander zu tun haben.

Darum waren Mémé am Sonntag und die Eltern meines Vaters am Montag eingeladen worden.

So gingen wir Kinder, meine Eltern und Mémé am Sonntag nach der Messe um 12 Uhr in den « Flunch ». Dort aßen wir. Zum Nachtisch gab es Eis und dann fuhren wir noch zu meiner Großmutter, um einen Kaffee zu trinken. Nach dem Kaffee war mein Vater so müde, dass er bei Mémé ein kleines Nickerchen machte. Gegen 16 Uhr fuhren wir dann zu uns nach Hause.

Am Montagmorgen nach der Kirche ging es dann in ein Restaurant, das in einem kleinen Dorf außerhalb von Valenciennes lag. Meine Familie, die Großeltern meines Vaters und ein Freund der Familie, Edouard, kamen mit uns. Edouard war wirklich kein böser Mensch, aber er machte uns Angst, weil sein linkes Auge sehr herausstand und fast herauszufallen schien. In Wahrheit hatte er ein großes Herz – und fühlte sich stark zu *ihr* hingezogen.

Sie war an diesem Tag nicht zur Feier gekommen.

An diesem Tag hab ich zum ersten Mal « caille aux cerises », Wachteln,

gegessen. Das war auch das letzte Mal. Ich habe noch die Gesichter meiner Großeltern vor Augen, die meine Mutter nicht mochten, sich aber verpflichtet fühlten zu kommen. Tatsächlich habe ich an sie keine guten Erinnerungen.

Für meine Großeltern väterlicherseits waren wir die « dreckigen Polen » oder einfach nur « la Pologne ». Und für die Familie meiner Mutter galten wir als « dreckige Franzosen ».

Am schlimmsten an der Geschichte war, dass sie sich wiederholte. Meine Eltern hatten an zwei Tagen ihre Hochzeit gefeiert. Am Sonntag mit seiner Familie und am Montag mit ihrer. Meine Kommunionfeier machte da keine Ausnahme.

Ich hatte noch keine Ahnung, dass noch weitaus traurigere Ereignisse bevorstanden.

Ich war überrascht, dass mein Vater bereits Tage vor der Kommunion nicht mehr zu Hause anzutreffen war. Er hatte uns erzählt, er sei sehr müde, weil er nun nachts arbeite. Darum habe er auch einen Teil seiner Anzüge mitgenommen, um sich vor Ort schnell umziehen zu können. Die Hälfte des Kleiderschranks im Schlafzimmer meiner Eltern war bereits leer.

Weil er so viel arbeitete, verbrachten wir unseren Sommerurlaub am Strand in Nordfrankreich ohne ihn. Mama hatte eine Ferienwohnung für 6 Personen gemietet: vier Kinder, sie selbst und « Mamie », die Mutter meines Vaters. Mamie zeigte schon die ersten Symptome von Alzheimer.

Papa hatte uns zwar zu unserem Urlausort begleitet, konnte aber nicht bei uns bleiben, weil er eine neue Arbeit gefunden hatte, so sagte er jedenfalls.

In diesem Sommer bemerkte ich die ersten Anzeichen des Erwachsen-werdens. Ich sah, wie mein Körper begann, sich zu verändern und erinnere mich, dass meine Mutter zu mir sagte: « Du wirst groß und bist bald eine junge Frau. »

Ich begann zu weinen und antwortete: « Nein, ich will nicht groß werden! »

Wir verbrachten zwei traurige Wochen. Mamie hatte sich vorgenommen, uns im Urlaub zu helfen. Aber ich erinnere mich an die Auseinandersetzungen zwischen ihr und Mama. Und an Mamies Lobeshymnen auf meinen Vater.

Ich weiß auch noch, wie heftig Mama darauf reagiert hat. Zum ersten Mal. Mamie war wieder einmal dabei, ihren Sohn über den grünen Klee zu loben, als es aus meiner Mutter herausplatzte: « Aufhören! Genug davon, dass Sie über ihn wie über einen Gott reden. Ihr Sohn ist *kein* Engel. » Diese Worte sind mir in Erinnerung geblieben, weil es gar nicht Mamas Art war, sich so furchtbar aufzuregen, und weil sie zum ersten Mal schlecht über Papa sprach.

Wir verbrachten die 2 Wochen in dem Bungalow am Meer mit einer Großmutter, die sich wenig mit uns beschäftigte und einer Mutter, die mit uns 4 Kindern völlig überfordert war.

Bei unserer Rückkehr beschlossen Mama und Papa, das Haus zu verlassen, in dem wir seit zwei Jahren gewohnt hatten, und eine günstigere Wohnung zu suchen, die näher bei unseren Schulen lagen. Sie fanden eine Sozialwohnung, deren Miete großteils von der « Caisse d'Allocation Familiale – Kinderkasse » bezahlt wurde.

Ein paar Tage vor dem Umzug im Mai 1977, als wir die Kartons packten, bemerkte Mama, dass Papas Sachen fehlten. Sie bat mich, im Kleiderschrank nachzuschauen. Aber es machte sie nicht stutzig, als Papa ihr erklärte, dass er in ein paar Wochen nachkommen würde. Aber zuerst müsse er seine Position in der neuen Firma festigen, da er noch in der Probezeit sei. Darum könne er jetzt noch nicht mit uns einziehen.

Warum wollte er nicht mit uns kommen?

Warum jetzt noch nicht?

Warum log er einfach? Ich erhielt eine Antwort auf diese Fragen. Eine Antwort, auf die ich so lange gewartet hatte. Aber ich wusste nicht, dass sie mein bisheriges Leben völlig auf den Kopf stellen und meine Kindheit unwiederbringlich zerstören würde. Dass sie in mir tiefe Spuren hinterlassen würde - fürs Leben.

Diese Antwort, die einen regelrechten Orkan in unser aller Leben entfesselte, mit meinen fast 12 Jahren, bekam ich von *ihr*.

Verlassen

Juni 1977

Der Monat der Enthüllungen

Wir waren in einem großen Apartment in Anzin eingezogen. Dort lebten wir bis 1984. Die Sozialwohnung hatte 4 große Zimmer und war gut gelegen in der Nähe des Grand' Place, einem zentral gelegenen Marktplatz. Sie war sehr phantasievoll und bunt gestrichen. Mit diesem Ort verbinden mich sehr schöne Erinnerungen. Unternehmungen mit meinen Freundinnen, Begegnungen mit den neuen Nachbarn. Der Marktplatz war gleich um die Ecke und auch zur Schule waren es nur ein paar Minuten zu Fuß. Wir konnten frei umherstreifen und alleine zur Schule gehen, ohne auf ein Auto oder einen Bus angewiesen zu sein.

Sehr schnell freundeten wir uns mit den Nachbarn an. Darunter waren viele Mädchen, die auch auf mein Collège gingen.

Aber vor allen Dingen bleiben einem die schrecklichen Erinnerungen im Gedächtnis. Ich hatte den Bus genommen, um meinem Vater einen Besuch abzustatten. Da ich *ihr* fast blind vertraute, war ich sicher, dass *ihr* mir sagen würde, was los ist. Und *sie* gab mir diese Antwort: « Hör zu, ich werde dir jetzt mal 'was erzählen. Aber bitte erzähle es niemand weiter. Ich schlafe mit deinem Vater und ich habe ein Kind von ihm. Du kennst es ! »

Was soll ein Mädchen von 12 Jahren darunter verstehen, wenn gesagt wird, dass man mit jemandem schläft? Mir war aber klar, dass *ihr* Sohn auch seiner war und somit unser Halbbruder.

Sie fügte hinzu: « Dein Vater wohnt jetzt bei mir und wird nie mehr zu euch zurückkehren. Aber du kannst ihn besuchen, wann immer du willst. » Als ich erfuhr, dass Papa nie mehr mit Mama

zusammen sein würde, dass er uns für immer verlassen hatte, brach ich in Tränen aus.

Außerdem hatte ich erfahren, dass ich einen Halbbruder habe, der zwei Monate älter als meine kleine Schwester ist. Völlig schockiert und voller Wut fuhr ich nach Hause zurück. Mama war nicht da.

Lange behielt ich das Geheimnis für mich. Mein Verhalten begann sich zu verändern und ich zog mich immer mehr zurück. Ich dachte über vieles nach. Ich wusste über Dinge Bescheid, von denen meine Geschwister nicht das Geringste ahnten.

Dann, nach 2 Wochen, konnte ich nicht mehr länger schweigen. Mama hatte sich hingelegt. Ich ging zu ihr und erzählte ihr alles von meiner Unterhaltung mit *ihr*.

« Mama, weißt du, vor ein paar Wochen bin ich zu Papa gefahren. Und weißt du, *sie* hat mir gesagt, warum Papa nicht mehr zu Hause ist. Es ist nicht wegen seiner Arbeit. *Sie* hat mir gesagt, dass sie mit ihm schläft und dass ihr Kind von ihm ist. »

Mama war total entsetzt.

Hatte sie etwas gewusst oder war sie wirklich so naiv? Ihr Gesicht hatte sich verändert, war bleich geworden. Ich glaube, dass sie in ihrem tiefsten Inneren etwas ahnte, es aber nicht wahrhaben wollte. Und plötzlich bekam sie eine Antwort auf die Fragen, die sich insgeheim gestellte hatte. Wie sollte sie damit nun umgehen? Ich kam einfach zu ihr und setzte mit einer Bemerkung ein Ende unter ihre Ungewissheit: Papa betrog sie mit *ihr*.

Wie oft habe ich immer und immer wieder an dieses Erlebnis gedacht? Wie oft habe ich mir deswegen Vorwürfe gemacht? Wie oft fühlte ich mich schuldig an dem, was dann folgte: die Einreichung der Scheidung.

Mama war tief erschüttert von der Nachricht. Sie sagte: « Geh zu deinen Brüdern und sage ihnen, dass Papa fort ist. Mach du es! Ich habe dafür weder

den Mut noch die Kraft! » So nahm ich meinem großen Bruder zur Seite:

« Weißt du, Papa ist fort, er lebt nun bei *ihr* Sie haben ein gemeinsames Kind. » Mein Bruder brach in Tränen aus und schloss sich in seinem Zimmer ein. Meine Mutter versuchte, mit ihm zu reden, aber ohne Erfolg. Seit diesem Augenblick diente ihm sein Zimmer als permanente Zuflucht.

Mein kleiner Bruder nahm die Nachricht scheinbar lockerer auf. Aber seitdem machte er wieder ins Bett. Genau wie meine dreijährige Schwester.

Mama sagte mir, sie wolle auf dem Sozialamt um Hilfe bitten. Auch wolle sie wieder nachts arbeiten, um mehr Geld zu verdienen. Aber sie versprach, nicht zu einem Anwalt zu gehen, um sich offiziell von Papa zu trennen.

Wir trafen uns alle wieder bei einem Termin mit der Sozialarbeiterin. Ich weiß nicht mehr, warum ich meine Mutter begleiten sollte. Ich glaube, sie wollte nicht allein dort hin. Bei dem Treffen sagte meine Mutter ihm, dass sie einen

Anwalt genommen und ihn mit der Einleitung der Scheidungsprozedur beauftragt habe. Damals dauerten Scheidungen, oder wie man sagte « Trennungen », sehr lang. 1978 wurde bei der Scheidung noch die Schuld festgestellt. Geschiedene wurden von der Gesellschaft nicht akzeptiert. Es gab dreimal weniger Scheidungen als heute. Ich war geschockt, dass Mama überhaupt nicht mit uns über die Scheidung gesprochen hatte, obwohl das enorme Auswirkungen auf uns haben würde. Scheidung!

Ich fühlte mich von Mama betrogen, weil sie nicht mit mir darüber gesprochen hatte und weil ich zu ihr gesagt hatte: « Bitte Mama, lass dich nicht scheiden! »

Mein Vater war nun völlig aus unserem Leben verschwunden, *sie* aber nicht. Mama befand sich in einer tiefen Depression. Sie wusch sich nicht mehr, zog sich nicht mehr an, schlief den ganzen Tag und hatte Fieber. Im Schlaf phantasierte sie und sprach

unverständliches Zeug. Heute weiß ich, dass mein Vater sie damals einweisen lassen wollte. Er war just in dem Augenblick bei uns zu Hause gewesen, als sie wieder einmal im Schlaf phantasierte.

Er sagte, « Mama sei verrückt ».

Warum war Vater genau an diesem Tag bei uns? Keine Ahnung. Er kam nachmittags vorbei. Wir vier Kinder saßen gerade in der Küche. Mama hatte sich im Nebenzimmer schlafen gelegt. Als es an der Tür klingelte, sahen wir unseren Vater durch den Spion und öffneten die Tür. « Sie » hatte sich hinter der Tür versteckt und als wir sie öffneten, schlüpfte sie mit hinein. Mein großer Bruder wollte sie davon abhalten. Wir anderen versuchten, uns von ihr fern zu halten. *Sie* versicherte uns, dass sie uns liebe und dass *sie* uns die Lage erklären wolle.

Mama lag mit Fieber im Bett. *Sie* bereitete eine Bouillon zu und brachte sie Mama, damit sie wieder auf die Beine kommt. Es war kaltschnäuzig von ihr, meiner Mutter ihre Gegenwart zuzumuten. Sie hatte uns nicht nur den Vater genommen, jetzt spielte sie auch noch die Krankenschwester. Dazu gehörte schon einiges an Dreistigkeit!

Sie schüttete Mama lauwarmes Wasser ins Gesicht, half ihr aufzustehen und führt sie zur Toilette.

Es war Sommer. Mama war krankgeschrieben. Und es kam der Tag, an dem sie sich entschied, in eine psychiatrische Klinik zu gehen. Der Arzt hatte sie dazu gedrängt, wenigstens einen Monat dort zu verbringen, um sich zu erholen. Sie blieb nur eine Woche. Genug Zeit um sich davon zu überzeugen, dass sie ganz sicher nicht verrückt sei.

In dieser Zeit waren wir uns selbst überlassen. Ich erinnere mich nicht, dass unser Vater uns besucht hätte. Er war wirklich ein schwacher Mensch und wurde ganz offensichtlich von dieser Frau beherrscht. So sehr, dass er uns vier völlig links liegen ließ.

Wir wurden nicht im Heim untergebracht. Nachts schliefen wir allein, tagsüber waren wir allein. Ich kochte für uns oder wärmte mittags Konserven auf. Ab und zu kam unsere Großmutter Mémé vorbei, um uns zu beruhigen und um zu sehen, wie es uns ging. Sie blieb aber nicht über Nacht. Endlich, nach einer Woche, kam Mama wieder aus der Klinik zurück.

Dieses Jahr war aus vielen Gründen schrecklich. Mama war damit beschäftigt die Scheidung voranzutreiben und sah ihren Anwalt regelmäßig. Unseren Vater, der mittlerweile in einer kleinen Stadt ganz in der Nähe wohnte, sahen wir fast gar nicht mehr.

Immer wenn er uns sehen wollte, gingen wir zu Fuß zu ihm. Der Winter war sehr verschneit. Einmal liefen wir vier zusammen mit unserer vierjährigen Schwester bei kaltem, trockenem Wetter zu ihm. Dort angekommen fanden wir die Tür verschlossen vor.

Die Winterferien gingen schnell vorüber und ich begann das neue Jahr in größter Verzweiflung. Ich hatte mir zwar einen Freundeskreis aufgebaut: Patricia, Christine, Murielle und Nathalie. Aber auf einmal begann ich, sie in einem anderen Licht zu sehen.

Es war mein erster Schulbeginn ohne Vater bei uns zu Hause. Aber warum hätte es anders sein sollen? Er war noch nicht einmal beim Schulfest zum Jahresende erschienen, wo ich ein Marionettenspiel aufgeführt hatte.

Warum hätte er zum Schulanfang kommen sollen?

Verlassen

1978

Meine Jahre in der 6. und 7. Klasse

Es war ein schwieriger Abschnitt meines Lebens. Mir ging es sehr schlecht, was sich in den Noten widerspiegelte. Die Schulanfänge in der sechsten und siebten Klasse waren umso schwieriger, weil Papa nicht mehr mit dabei war.

Das Jahr in der sechsten Klasse war aus mehreren Gründen furchtbar. Zum einen, weil Mama mit den Scheidungsformalitäten beschäftigt war. Zum anderen, weil wir Papa nicht mehr sahen und *sie* ein zweites Kind von ihm erwartete. Mama war klar geworden, dass er nie wieder zu ihr zurückkehren würde, und sie litt schrecklich darunter.

In der Schule wurde ich immer mehr ausgegrenzt, vor allem gegen Ende des sechsten Schuljahres. Bei den Lehrern fand ich wenig bis gar kein Verständnis für meine Lage. Man darf nicht vergessen, dass die Lehrer 1978 für solche Dramen innerhalb der Familie noch nicht ausgebildet waren. Und eine Scheidung war ein wirkliches Drama. Die Schüler wurden so gut wie gar nicht psychologisch betreut.

Ganz im Gegenteil. Manche Lehrer wussten sehr wohl über meine Situation Bescheid, machten aber keine Anstalten, dafür Verständnis aufzubringen. Um mich herum befand sich eine Mauer aus Unverständnis.

Ich litt unter unerträglichem Zittern meiner Hände, was mich daran hinderte, leserlich zu schreiben und Handarbeiten zu verrichten. Hatte ich bisher immer sehr gute Noten gehabt, so war ich nun auf ein gerade Mal befriedigendes Niveau abgerutscht. Ich kapselte mich ab und

war sehr verängstigt. Es kam vor, dass ich anfing zu weinen. Vor allem wenn mir meine Französischlehrerin wieder einmal Vorwürfe wegen meiner mangelnden Mitarbeit machte.

Einmal sagte sie mitten im Unterricht zu mir: « Nur weil dein Vater abgehauen ist, hast du noch lange nicht das Recht, so ein Gesicht zu machen! »

Mama hätte sich über ihr inakzeptables Verhalten beschweren müssen. Aber diese Lehrerin war die Frau des stellvertretenden Rektors...

Der einzige Lichtblick war damals mein Kunstlehrer. Er leitete unter anderem den Marionetten-Kurs, in dem ich auch war. Ich liebte es, dorthin zu gehen. Ich hatte viel Spaß und dachte mir neue Stücke und Figuren für unser Spiel aus. Herr Lefèbvre hatte den gleichen Bart wie mein Vater. Darum sah ich ihn wohl auch als eine Art Vaterfigur. Das hatte aber weniger etwas mit Zuneigung zu tun. Er war einfach ein « Ersatz », ohne dass es mehr bedeutet hätte. Auch seine Eltern hatten sich scheiden lassen und er hatte es geschafft, zu einem emotional ausgeglichenen Leben zu finden

Er kannte meine Probleme und sprach oft mit mir darüber. Ich weiß nicht, ob er mich wirklich verstand, aber wenigstens hörte er mir zu. Das half mir, nicht völlig unterzugehen.

Sein Marionetten-Kurs war super. So kam ich um den Französischunterricht bei dieser furchtbaren Lehrerin herum - sei es auch nur bei den Übungsstunden.

Meine Klassenkameraden wussten über meine persönlichen Probleme Bescheid und einige von ihnen begannen, mich zu meiden, weil ich keine « normale Familie » hatte. 1978 gab es wenige Kinder aus geschiedenen Familien. Man sprach kaum darüber. Nur meine Freundin Patricia hielt noch zu mir. Das tat sie meist heimlich, denn die anderen hatten von ihr verlangt, nicht mehr mit mir zu sprechen.

Patricia hatte, so glaube ich, einen starken Charakter. Darum war sie die

einzige, die mit mir zusammen den anderen Kontra bot. Leider wechselte sie in die Parallelklasse. Sie traf mich aber weiter, wenn auch nur heimlich, weil sie wusste, dass sie sonst von den anderen ausgeschlossen werden würde.

Mama arbeitete nachts, um mehr Geld zu verdienen, damit es uns etwas besser geht. So verbrachten wir unsere Nächte allein in der großen Wohnung.

Mein Vater zahlte nicht nur keinen Unterhalt, obwohl es vom Gericht so festgelegt worden war. Er versuchte auch überhaupt nicht, uns zu sehen. Er war fast nicht präsent und ich war in der schlechtesten Zeit meines Lebens - auf der Suche nach ihm. Vater besuchte keines von seinen Kindern. Weder an Geburtstagen noch an Festtagen. Auch Weihnachten verbrachten wir allein.

Wie kann es sein, dass unsere Großeltern uns in den Nächten allein zu Hause ließen?

Mein großer Bruder war 15, ich 13, der kleine Bruder 10 und meine Schwester erst 4.

Wie kommt es, dass kein Nachbar jemals etwas gesagt hat?

Und er. Wie konnte er zusehen, während seine Kinder nachts allein waren?

Heutzutage wären wir sicherlich in eine Pflegefamilie gekommen. Nun gut, wir haben es überlebt, mussten aber auf vieles verzichten. Auch auf das Gefühl der Sicherheit.

1978 gab es auch schöne Momente. Für mich war das insbesondere der Kinostart von « Grease ». Ich war so verrückt danach, dass ich mir den Film dreimal anschaute. Außerdem war ich in John Travolta verknallt.

Das war das erste Mal, dass ich ein Liebesgefühl für jemanden empfand und ich kaufte viele Poster von ihm, die ich überall in meinem Zimmer aufging.

Schöne Erinnerungen habe ich auch an die abendlichen Einkaufstouren zusammen mit meiner Mutter, an den Marionetten-Kurs, für den ich Stücke schrieb, an meine Theaterkurse und an

den Diktat-Wettbewerb, den ich in diesem Jahr gewann.

Weniger schön ist meine Erinnerung an meine erste Zahnspange. Die Spange tat mir furchtbar weh und drückte in mein Zahnfleisch, und das jedes Mal wenn ich sprach. Und dann weiß ich noch, dass ich in beiden Schuljahren nicht mehr gelacht habe.

War auch ich mittlerweile depressiv geworden oder lag es daran, dass ich nicht wollte, dass man meine Spange sieht?

Meine Schuljahre waren gekennzeichnet von viel Einsamkeit. Ich war allein zu Hause, kam allein von der Schule zurück, machte mir allein etwas zu essen. Nachts waren wir allein, weil Mama um 18.30 Uhr zur Arbeit ging. Gegen Ende des siebten Schuljahres nahm mein Vater wieder etwas Kontakt zu uns auf. Oft machten wir vier Kinder uns zu Fuß auf den Weg, um ihn und *sie* zu besuchen. Und oft trafen wir sie zu Hause nicht an.

In diese Zeit fällt mein erstes Jahr im Spanisch—Kurs. Ich hatte mir diese Sprache ausgesucht, um mit meiner Freundin Patricia zusammen sein zu können und vor allem, weil ich nicht genauso wie mein großer Bruder Deutsch als zweite Fremdsprache nehmen wollte.

Da meine Mutter keine Fremdsprache spricht, interessierte sie sich überhaupt nicht für unsere Sprachwahl.

Für mich allerdings war die Entscheidung für Spanisch der Beginn eines außergewöhnlichen Abenteuers mit dem Land, das ich so sehr liebe: Spanien. Mein Interesse für Fremdsprachen wuchs immer mehr, genauso wie meine Lust, auf Reisen zu gehen. So hatte ich mich auch leidenschaftlich für Großbritannien erwärmt. Eine Leidenschaft, die ihre Bestätigung fand, als ich zum ersten Mal meinen Fuß dorthin setze.

Das siebte Schuljahr endete. Meine Mutter und wir vier Kinder verbrachten

unsere Sommerferien in Colleville am Meer. Das liegt ganz in der Nähe von Bayeux in der Normandie. Wir hatten schon Jahre vorher einen Urlaub zusammen mit unserem Vater in diesem Ferienklub verbracht. Leider habe ich daran nur wenige Erinnerungen.

Die Sommerferien, diesmal ohne Vater, begannen verheißungsvoll. Ich fand schnell viele Freundinnen, darunter eine Holländerin. Auch Mama lernte jemand kennen, der für einige Jahre ihr Lebensgefährte wurde. Er war ohne seine Frau, nur mit seinen vier Kindern dort, die alle so ungefähr unser Alter hatten. Schnell freundete ich mich mit seiner Tochter an, mit der ich dann die meiste Zeit verbrachte, im Theaterklub oder beim Marionettenspiel.

Mein kleiner Bruder spielte viel mit seinem Sohn und meine Schwester mit seinem kleinsten Sohn, der genauso alt war wie sie. Mein großer Bruder hingegen verbrachte seine Tage lieber allein in unserer Ferienwohnung und unternahm nur selten etwas mit uns. Er hatte in den Ferien keine Freunde gefunden und isolierte sich zunehmend. Mama verbrachte viel Zeit mit diesem Mann, ich hatte aber nicht den Eindruck, dass daraus etwas werden würde. Erst bei unserer Rückkehr, nachdem ich im Bistro an der Ecke meine Mutter mit ihm zusammen an einem Tisch sitzen sah, Hand in Hand, wurde mir klar, dass sie eine Beziehung miteinander hatten. Das schockte mich zutiefst, war sie doch selbst Opfer der Betrügereien meines Vaters geworden. Und nun war sie ihrerseits mit einem verheirateten Mann zusammen. Das Schlimmste war, dass Mama uns sehr wohl erzählt hatte, dass sie jemanden kennengelernt hatte, ihn uns aber nicht vorstellen wollte.

Sie hatte bereits mehrere Versuche unternommen, mit kleinen Zeitungsannoncen Männer kennenzulernen. Dabei traf sie auch einige interessante, aber keine ihrer Begegnungen führte in eine Beziehung.

Zweifelsohne, weil es ihr immer noch schwer fiel, Papa zu vergessen.

Nach den großen Ferien kam ich in die achte Klasse. Das neue Schuljahr war aus vielerlei Gründen schwierig für mich: meine damalige beste Freundin Patricia kam, wie viele andere auch, mit denen ich ganz gut klar kam, in eine andere Klasse. Die Mehrheit der Kinder in meiner achten Klasse waren neu und das allgemeine Leistungsniveau sehr schwach. Die Englischstunden waren monoton und « Boum », ein Mitschüler aus dem Maghreb, und ich waren fast die einzigen, die am Unterricht teilnahmen. Das brachte uns von der Klasse die Spitznamen «Streber» oder «Schleimer» ein.

Weil die Klasse nicht sehr leistungsstark war, gingen ungefähr Dreiviertel der Kinder später auf eine Berufsschule. Was mich angeht, zeichnete sich auch meine Zukunft langsam ab. Ich wollte aufs Gymnasium wechseln. Jedoch wollte ich weder einen BEP– noch einen CAP–Abschluss

(Prüfung für eine Lehre) machen, zu denen mir meine Lehrer geraten hatten.

Aber sie kannten weder meinen Charakter noch meine Entschlossenheit.

1979

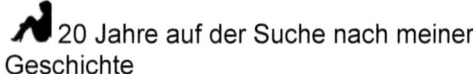

Das Jahr der Veränderungen

Ich war 14. In diesem Jahr hatte ich meine erste Regel. Aber ganz im Gegensatz zu meinen Freundinnen, die sich für Jungs zu interessieren begannen und mit ihnen flirteten, verabscheute ich die Jungen zutiefst:

« Das sind alles Dreckskerle, wie mein Vater. » Am 1.6.1979 war die Trennung von Mama und Papa offiziell vollzogen. Meine Schulnoten waren sehr schlecht und ich bekam keine Empfehlung für den

Wechsel zum Lycée. Von den Lehrern hörte ich oft: « Das schaffst du nie! Du machst wohl Witze, du aufs Lycée? Mach doch ein BEP / Realabschluss. » Von meinem Vater bekam ich zu hören: « Du bist eh ein Mädchen. Das Wichtigste ist, einen Mann mit Geld zu finden. Gefühle sind nebensächlich. » Er pflegte sehr gern zu sagen: « Das Wichtigste im Leben ist nicht, selbst Geld zu haben, sondern dass die anderen welches haben. » Was für ein Lebensmotto! Ich hingegen träumte davon, aufs Lycée zu gehen. Dazu war ich fest entschlossen: « Ich packe das. Du wirst schon sehen! » Mein großer Bruder war bereits aufs Lycée gewechselt und bereitete sich auf das BAC (Abitur) vor. Er würde der Erste der Familie mit einem BAC werden - und ich wollte *die* Erste sein. Es kam für mich nicht in Frage, nicht zu studieren und das Abitur war mein erster Schritt in

diese Richtung. Jedoch wollten alle meine Lehrer, dass ich etwas Handwerkliches mache und waren strikt dagegen, dass ich aufs Lycée ging. Sie fanden, ich sei intellektuell dafür nicht geeignet, auch wenn der Abi-Schwerpunkt auf Literatur liegen würde. « Das Schuljahr muss wahrscheinlich wiederholt werden, wenn im dritten Quartal keine bedeutenden Fortschritte erzielt werden! » Ein unerwartetes Ereignis sollte dieser Sicht ein Ende bereiten. Seit Beginn des Schuljahres war ich, wie meine Noten eindeutig zeigten, eine sehr schlechte Schülerin. Ich war gefangen in einem Gefühl des dauernden Unwohlseins, war ohne Orientierung. Mein Vater fehlte mir ganz einfach. Schwer belastete mich die Abwesenheit meiner Mutter, die uns nicht zuhörte, vor allem aus Zeitmangel. Auch mein Vater fehlte mir fürchterlich: endlich mal einen Vater zu haben, der für mich da wäre! Während meine Freundinnen über ihren Vater erzählten, litt ich. Zweifelsohne hatte ich einen ausgemachten Ödipus-Komplex. Jungen interessierten mich überhaupt nicht. Schlimmer noch - ich fand sie abstoßend. Allerdings fühlte ich mich zu den Vätern meiner Freundinnen hingezogen. Für eine Vierzehnjährige ist es hart, so lange das Wort « Papa » nicht aussprechen zu können. Seit der achten Klasse hatte ich wieder viel Kontakt mit *ihr* Wenn, dann wandte ich mich an *ihr* und nicht an ihn. Einmal war ich beim ihm zu Besuch, als ich *ihr* gegenüber einen ungewöhnlichen Wunsch äußerte: bei *ihr* zu wohnen. Mama konnte nur wenig Zeit mit uns verbringen und war eine Beziehung mit diesem verheirateten Mann eingegangen. Sie liebte ihn nicht, das war klar, aber sie traf ihn regelmäßig im Geheimen. Eines Tages waren mein

Bruder und ich ihr bis zu einem Café gefolgt, wo wir sie beide dabei überraschten, wie sie einen Kaffee tranken und Händchen hielten. Seitdem besuchte er uns ziemlich oft zu Hause. Er sah zwar ziemlich hässlich aus, war aber ohne Zweifel sehr nett. Auch die fünfjährige Beziehung mit meiner Mutter änderte unsere Meinung über ihn nicht. Und doch war er es, der uns 1981 in den Ferien in die Vendée fuhr, wo wir ohne ihn zwei Wochen verbrachten und der uns danach wieder abholte. Alles in allem ein guter Kerl. Ein paar Jahre später entschloss er sich, seine Frau zu verlassen.

Mama wollte dennoch nicht, dass er bei uns einzog. Wir Kinder ebenso wenig! Eines Abends war ich bei meinem Vater zu Besuch und hatte plötzlich das Verlangen noch mehr mit ihm zusammen zu sein. So fragte ich ihn, ob ich nicht bei ihnen leben könne.

Sie waren überrascht, aber einverstanden. In Wahrheit rannte ich vor meinem momentanen Leben davon. Ich zog am ersten Februar 1979 um. Mama, das Gericht und meine Brüder waren alle einverstanden. Besonders im Hinblick auf meine Noten waren sie der Meinung, dass mir dieser Wechsel sehr gut tun würde. Da *ihr* sehr streng zu ihren Kindern war, würde « sie » es auch zu mir sein, was mir in der Schule zu Gute kommen könnte. Und dann hätte ich hoffentlich auch die Chance, die Verbindung zu meinem Vater zu erneuern und ausgeglichener zu werden. Dachte ich! Wollte ich! Ich teilte mir ein Zimmer mit meinen beiden Halbbrüdern. Klar, ich war 14, sie 7 und 3. Die Chemie zwischen meinem älteren Halbbruder und mir stimmte nicht so recht, was ich darauf zurückführte, dass er dasselbe Alter wie meine kleine Schwester hatte.

Ich war vom Jüngsten dagegen sehr angetan. Er war nicht so hübsch wie sein Bruder, so sagten wenigstens alle. Ich aber fand ihn mit seinen drei Jahren einfach süß. Er war sensibel und es machte mir großen Spaß, mit ihm zu spielen. Ich schmuste genauso innig mit ihm, wie von Anfang an mit meiner kleinen Schwester. Er erwiderte mir, seiner großen Schwester, diese Zärtlichkeiten. Er wiederholte immer wieder, dass ich seine große Schwester sei. Ich war glücklich. Papa war zu Hause, während *sie* arbeiten ging und das Geld verdiente. *Sie* hatte einen Job als Putzfrau in einem Krankenhaus und er kümmerte sich daheim ums Essen. Von Anfang an und an jedem Schultag brachte er mir eine Tasse Milchkaffe ans Bett. Nachdem ich mich gewaschen hatte, bereitete ich mich auf die Schule vor. Da stand mein Frühstück bereits auf dem Tisch.

Alles war so wundervoll « magisch ». Ich brauchte eine männliche Bezugsperson und vor allem eine Vertraute. *Sie* hatte natürlich ihre ganz eigenen Vorstellungen vom Leben, davon, was gut und was nicht gut für mich ist. Aber ich war zufrieden und glücklich. So sehr, dass meine Schulnoten beständig besser wurden. Ich erhielt mein « brevet des collèges » (Realschulabschluss), ohne dass ich eine gesonderte Prüfung ablegen musste und wurde im Lycée angenommen. Weil ich unbedingt noch eine dritte Fremdsprache lernen wollte, ich dachte dabei an Deutsch, konnte ich nicht aufs Lycée meiner Wahl gehen. Ich entschied mich für eines, das ein Abitur mit drei Fremdsprachen « BAC A5 » bot. Allerdings lernte ich dort dann Russisch und nicht Deutsch. Das war im Rückblick eine sehr gute Entscheidung. Denn es machte mir nicht nur enorm viel Spaß, Russisch zu lernen, das ich heute

wieder und sehr gerne spreche, sondern ich habe immer noch viele wundervolle Erinnerungen ans Lycée, an meine besten Freunde und den Abschluss mit dem BAC.

1980

Mein Leben bei Papa

Ich lebte mein Leben nach dem Rhythmus der Schule. Mama schien mir offensichtlich nicht allzu sehr zu fehlen. Ich besuchte sie und meine Geschwister einmal pro Woche. Mein kleiner Bruder spielte oft draußen mit seinen Freunden. Mein großer Bruder lebte hingegen zurückgezogen in seinem Zimmer. Ich hatte keinen großen Kontakt zu ihm. Heute denke ich, dass er mir wohl ein wenig böse war, dass ich weggegangen war.

Meine kleine Schwester traf ich ebenfalls nicht oft zu Hause an. Sie spielte viel draußen. Ihre jungenhafte Art ist mir noch gut in Erinnerung. Wir hatten uns langsam voneinander entfernt und die Distanz zu meinen Geschwistern wurde schließlich recht groß, obwohl ich sie natürlich immer noch sehr gern hatte. Mittags nach dem Fechtkurs schaute ich immer bei Mama vorbei und wir aßen zusammen Kuchen. Manchmal gingen meine Brüder und meine Schwester Papa besuchen und blieben samstags dort. Ab und zu kam mein großer Bruder ganz allein zu mir zu Besuch. Ich glaube, er tat das, weil er mich vermisste. *Sie* war manchmal sehr froh darüber, manchmal auch nicht - je nach Laune. *Sie* war eine sehr instabile Person. Das zeigte sich besonders sonntags, denn das war « ihr » freier Tag, an dem geputzt und aufgeräumt wurde. Dann hatte *sie* richtige Wutausbrüche, wurde bösartig

und benahm sich schäbig. *Sie* sah « rot », wie *sie* gerne bemerkte. Später bereute *sie* ihr Verhalten. Mein Vater hielt sich, so gut es ging, aus allem heraus. Immer noch und immer wieder. Wenn *sie* wieder einen Wutanfall hatte, nutzte er die Gelegenheit, um aus dem Haus zu verschwinden und eine kleine Runde zu drehen. Er überließ *sie* und die Kinder einfach sich selbst. Ich glaube heute, *sie* hat ihm damals das Leben nicht gerade einfach gemacht.

Die Wochen hatten immer denselben Ablauf. Wochentags arbeitete *sie* von sechs Uhr morgens bis 14 Uhr. Für den Arbeitsweg nahm *sie* ein Mofa, denn *sie* hatte keinen Führerschein. Sobald *sie* um 14.30 Uhr zurückkam, verschwand mein Vater aus dem Haus und kehrte erst wieder am Abend - manchmal auch erst spät in der Nacht - zurück. Dabei war er nicht selten betrunken oder beschwipst, um etwas zu entspannen. Mein neuntes Schuljahr begann sehr positiv. Endlich konnte ich dieses furchtbare Collège, mit dem mich so viele schlechte Erinnerungen verbinden, hinter mir lassen. Am Lycée freundete ich mich schnell mit drei Klassenkameradinnen an, die meine besten Freundinnen wurden: Marie, Frédérique und Sylvie. Wir verbrachten die meiste Zeit zusammen. Gemeinsam hatten wir den Russisch-Kurs belegt und amüsierten uns bestens. Meine Leidenschaft für Fremdsprachen wurde immer größer. Ich träumte davon, immer besser zu werden und einmal nach Spanien gehen zu können. Mit Mama und Papa waren wir nie weit verreist und schon gar nicht ins Ausland. Außer nach Belgien, dessen Grenze nur 13 Kilometer von uns zu Hause entfernt lag. Mama sprach keinerlei Fremdsprachen, hatte nie eine gelernt, noch nicht mal Polnisch

von ihren Eltern. Mémé hatte es ihr nicht beigebracht, weil sie sich schämte, nicht von den Franzosen akzeptiert worden zu sein. « Andere Zeiten, andere Sitten. » Schritt für Schritt fand ich mein Gleichgewicht wieder, obwohl ich sah, dass *sie* mit meinem Vater nicht glücklich war. Sie hatte ihn heiraten wollen, doch er sagte dazu nur, dass er nie wieder heiraten würde. Heute glaube ich, dass er *sie* nie wirklich geliebt, sondern nur benutzt hat. Er liebte vor allem ihre Jugend, nicht die Frau. Was mich angeht, so erwachten in mir zu Beginn des Schuljahres Gefühle, die mir bislang unbekannt waren. Ich entdeckte, wie es sich anfühlt zu lieben. Ich wollte zu meinem Russisch-Kurs und wartete am Treppenaufgang gemeinsam mit meinen Freundinnen. Neben uns waren Schüler aus der Abgangsklasse. Ich drehte meinen Kopf in ihre Richtung und erblickte einen siebzehnjährigen

Jungen, der sich auf eine Fensterbank stützte. Er trug eine marineblaue Jacke mit dreieckigen, roten Aufnähern auf den Ärmeln. Seine Haare waren braun, die Augen schwarz. Er war nicht unbedingt schön, wirkte aber sehr männlich. Während ich ihn anschaute, fühlte ich plötzlich etwas sehr merkwürdiges. Ich begann zu zittern und war sehr überrascht von meiner Reaktion. War das Liebe auf den ersten Blick? Ich weiß es nicht. Ich glaube nicht. Aber von da an ging er mir Tag und Nacht nicht mehr aus dem Kopf. Ich freute mich auf die Schule und die Ferien zogen sich endlos in die Länge. Ich begann, mich für das andere Geschlecht zu interessieren. Ich hatte meinen Vater wieder, fühlte mich gut und ausgeglichen. Mein Leben war schön. Ich kehrte gerne nach Hause zurück, denn mein Vater wartete mittags mit dem Essen auf mich. Abends sprach ich viel mit *ihr*, die mir aufmerksam

zuhörte. In der Schule hatte ich gute
Freundinnen. Ich war ausgeglichen und
hatte nur Augen für diesen Jungen.
Kurzum, ich glaubte etwas für ihn zu
empfinden und war überzeugt, dass es
ihm über kurz oder lang auch so ergehen
würde. Aber dazu müsste ich ihn erst
einmal ansprechen. Meine Zeugnisse
wurden besser. Das Ausgehen war streng
geregelt. Aus Angst, mir könnte etwas
passieren, durfte ich abends nicht mehr
weggehen. Im Winter musste ich um 17
Uhr, im Sommer um 18 Uhr wieder zu
Hause sein. Ich begann eine
Brieffreundschaft mit einem Mädchen aus
Nordspanien. Im Mai 1981 war das Jahr
des Machtwechsels. Mitterand wurde
zum Präsidenten gewählt und die Linke
kam zum ersten Mal in der fünften
Republik an die Regierung. Die Angst
ging in Frankreich um, denn zu dieser
Zeit gab es noch den Ost-West-
Konflikt. Mein Vater, ein glühender

Verehrer von Valery Giscard d'Estaing, glaubte, dass bald russische Panzer in die Stadt rollen würden. Und dass ich mir Russisch als dritte Fremdsprache ausgesucht hatte, trug nicht gerade dazu bei, meinen Vater zu beruhigen. Andererseits hatte er sich auch nicht gegen meine Entscheidung gestellt.

Das Jahr in der 9. Klasse war unbekümmert. Das Verhältnis zu meinem Vater war geregelt und ich verstand mich mit ihr immer besser, da sie auch in mir eine Vertraute fand. Dabei erzählte sie mir oft von ihren Problemen mit meinem Vater. Die Montage waren für uns reserviert. Dann gab es Croque Monsieur und Sekt. Alles war in bester Ordnung. Ich ging mit meinen Freundinnen aus und als Papa schließlich bei uns zu Hause ein Telefon anschließen ließ, konnte ich noch mehr mit ihnen sprechen.

Die Ortsgespräche waren ja gratis.

In den Sommerferien fuhr ich mit meiner Mutter nach Westfrankreich in die Vendée. Sie hatte es mir angeboten und ich nahm gerne an, da ich wusste, dass mein Vater nicht wegfahren wollte.

In der Vendée machte ich eine tolle Bekanntschaft. Ich lernte eine Freundin kennen, mit der ich auch nach über dreißig Jahren noch herzlich verbunden bin. Eine Freundschaft fürs Leben.

Estelle war 15. Sie hatte braune Haare, braune Augen und war sehr hübsch. Sie stammte aus Laval in Westfrankreich und war hier zusammen mit ihren Eltern. Sie war die Jüngste von 3 Kindern. Ihre Brüder waren deutlich älter und lebten bereits nicht mehr bei den Eltern.

Ich sprach sie auf einer abendlichen Tanzveranstaltung an, die vom « Village de Vacances » organisiert wurde, und wir waren uns sofort sympathisch. Genau wie ich kam sie in die 10. Klasse. Sie wollte ihr Abitur mit Schwerpunkt Betriebswirtschaft ablegen. Nach wenigen Tagen waren wir unzertrennlich und diese Freundschaft besteht nach 35 Jahren immer noch – obwohl ich damals dachte, dass das wegen der großen Entfernung zwischen unseren Wohnorten nicht möglich sein würde.

Dennoch hatten wir uns versprochen, einmal im Monat zu schreiben und so blieben wir tatsächlich in regelmäßigem Kontakt. Ich versprach ihr, dass wir uns wiedersehen würden und dieses Versprechen haben wir viele Male einhalten können. Mit schwerem Herzen verließen wir die Vendée, wo ich wundervolle Ferien verbracht hatte. Niemand um mich herum glaubte, dass diese Freundschaft fortbestehen würde.

Im September fing dann wieder die Schule an. Dieses neue Schuljahr war

wieder von großen Veränderungen geprägt. Diese Veränderungen hatten desaströse Auswirkungen auf meine schulischen Leistungen und auf meine Persönlichkeit, die doch bereits schon vom Leben gezeichnet war.

1981– 1982

Die zehnte Klasse

Im Schuljahr 1981-1982 kam ich in die zehnte Klasse.

Ich hatte mich immer noch nicht getraut, den Jungen, der mir so sehr gefiel, anzusprechen aus Angst, er könnte mich zurückweisen. Bei Papa hatte sich die Situation stark verändert. *Sie* hatte von ihm ihr drittes Kind bekommen – ein Mädchen. Es wurde im April 1981 geboren.

Für *sie* war das natürlich eine tolle Sache, hatte *sie* doch zuvor schon 2 Jungen gehabt. Papa war das Ganze eher gleichgültig, außer dass er nun zum sechsten Mal Vater wurde und dass er damit angeben konnte, wie « potent » er sei.

Genauso wie er sich gerne der Tatsache rühmte, dass er in nur einem Jahr zwei Kinder im Abstand von zwei Monaten gezeugt hatte.

Er hatte in der Schwangerschaft, die schwierig verlief, überhaupt kein Interesse an ihr gezeigt.

Sie wurde von meinem Vater vernachlässigt, der erst abends oder nachts oft betrunken nach Hause kam.

Anfangs vertraute *sie* mir ihre Sorgen mit Papa noch an. Und manchmal trank auch *sie* Alkohol. In diesen dunklen Momenten wurde sie gewalttätig. Sie schrie durchs Haus und schikanierte ihre Kinder. Mit der Geburt ihrer kleinen Tochter und wohl auch weil sie an Schlafmangel litt, wurde es noch schlimmer.

Sie war sehr autoritär und ihre Präsenz war im ganzen Haus spürbar. Genauso wie die Nicht-Präsenz meines Vaters. Er hatte, was er immer wollte: nicht arbeiten, sich wenig um die

Kinder kümmern und ausgehen, sobald *sie* von der Arbeit zurückkam.

Er pflegte gern zu sagen: « Das Wichtigste im Leben ist nicht, selbst Geld zu haben, sondern dass die anderen welches haben. » Tolle Philosophie. Genauso oft fügte er hinzu, ich solle mir, wenn der Moment gekommen sei, nur einen Mann aussuchen, der Geld habe. Sein Charakter sei nebensächlich. Vaters Antrieb war Geld. *Sie* war der Meinung, dass die Männer nur an Sex interessiert seien und mein Vater sagte, dass alle Männer Schweine seien, so wie er. Da ich sah, dass aus meiner platonischen Liebe zu diesem Jungen in der Schule nicht mehr entstehen würde, und dass wir uns auch nach einem Jahr nicht näher kamen, hielt ich ihn ebenfalls für so einen Typen. Dazu kam, dass ich kein sehr großes Selbstwertgefühl besaß und mich hässlich fand. Damals verabscheute ich mich regelrecht. Ich kleidete mich wie ein « kleines Mädchen », ganz und gar nicht schick und modisch. Übrigens beging ich genau wegen dieser Bemerkung eine Unvorsichtigkeit, die ich später, viel später, teuer bezahlen sollte.

Wir sind im Februar 1981, mitten im zehnten Schuljahr. Ich hatte ihn endlich angesprochen und mir einen Korb geholt. Nun wusste ich, dass er nichts für mich empfand und das hatte einen Grund. Ich hatte nämlich gesehen, wie er auf dem Pausenhof mit seiner Freundin flirtete! Sie war noch auf dem Collège (in der Mittelstufe) und er in der Abschlussklasse, die er gerade wiederholte. Eines Abends, als ich mit meiner Cousine, mit der ich regelmäßig wegging, aus der Disco kam, lernte ich einen Jungen kennen. Er hieß Régis und war 19 Jahre alt, ich 16. Es hatte gerade mit seiner Freundin Schluss gemacht, mit der er ein Jahr zusammen gewesen

war. Ich glaube, er war auf mich aufmerksam geworden, weil ich so hübsch war. Er war so ziemlich das Gegenteil von dem, was mir gefiel. Er hatte kurze rote Haare und Sommersprossen, war klein und etwas untersetzt, hatte grüne Augen. Kurz, alles, was ich nicht anziehend fand.

Ich interessierte mich viel mehr für große dunkelhaarige Männer mit schwarzen Augen, einen mediterranen Typ wie in Spanien oder Italien.

Obwohl er weit von meinem Ideal entfernt war und weil ich keinen Freund hatte, entschloss ich mich, mit ihm auszugehen, als er mich fragte.

Ich traf mich mit Régis zweimal. Dann sagte ich ihm, dass ich ihn nicht wieder sehen möchte. Unglücklicherweise war ich so unvorsichtig, meinem Vater und *ihr* zu erzählen, dass ich mit ihm ausgegangen war, eher zufällig und ohne, dass ich für ihn etwas empfunden hätte.

Ihr hatte die exzellente Idee mir zu erwidern, dass das absolut normal sei und in Ordnung gehe, vorausgesetzt er habe Geld.

Sie traf auch die heikle Entscheidung, meinem Großvater davon zu erzählen. Mit ihm traf ich mich immer mittwochs und unser Verhältnis zueinander war ziemlich gut. Dennoch war er außer sich zu erfahren, dass ich mit meinen 16 Jahren einen ersten Flirt hatte.

Hinzu kam ein weiteres Ereignis, das mein Leben, das ich mir mühsam aufgebaut hatte und die gerade erst wiedergefunden geglaubte familiäre Harmonie destabilisieren sollte.

In der Zeit bei meinem Vater hatte ich begonnen, mein Leben in den Griff zu bekommen. Ich erlebte zum ersten Mal völlig neue Gefühle, hatte meinen ersten Flirt. Mir war klar geworden, dass ich mich nur dann an jemanden binden könnte, wenn ich ihn wirklich liebte.

Mein Vater war schwach und feige. Er ließ sich von dieser Frau herumschubsen aus Angst, seine Vorteile zu verlieren: bedient zu werden, nicht zu arbeiten und

sich aushalten zu lassen. Das war sein einziges Ziel!

Ich kann mich nicht erinnern, meinen Vater arbeiten gesehen zu haben. Zugegeben, er kochte und das ziemlich gut.

Als ich mich darüber beklagte, dass ich schlecht und überhaupt nicht modisch angezogen sei, wurde *sie* furchtbar wütend. « Aha, wenn das so ist, dann wirst du ab morgen einen Monat lang dieselben Sachen tragen! »

Um mich zu bestrafen, versteckte sie meine Kleidung. Sie gab mir eine alte Hose, ein weißes T-Shirt, einen lila Pullover mit gelben Streifen und zwang mich, einen Monat lang nur diese Sachen zu tragen. Da vertraute ich mich meiner Freundin Frédérique an. *Sie* mochte dieses Mädchen nicht, weil sie angeblich zu verwöhnt sei. Gut, meine Freundin war egozentrisch, aber sie mochte mich und sie hörte mir zu.

Ich wollte nicht, dass andere meine Bestrafung mitbekamen und mich nicht erniedrigen lassen, weil ich immer dasselbe trug. Darum entschloss ich mich eines Abends, den Schlüssel zum Schrank, wo meine Sachen eingeschlossen waren, an mich zu nehmen. Ich holte ein paar Kleidungsstücke heraus und steckte sie in einen Plastiksack, den ich im Keller versteckte.

Das war mein Plan. Und er funktionierte recht gut. Jeden Morgen, wenn ich mein Mofa aus dem Keller holte, zog ich mich dort heimlich um. So bekam in der Schule niemand etwas mit.

16 ist das Alter, in dem man flirtet, das Alter, in dem man seine Gefühle entdeckt. Ich aber war weit von diesen « ersten Gefühlsregungen » entfernt. Ich war die Aussätzige, gezeichnet von der Scheidung, war zerschunden und hässlich. Und nun versteckte ich mich morgens auch noch im Keller. Manchmal hätte ich mich am liebsten dort für immer versteckt, wäre nie mehr wieder herausgekommen.

Also wechselte ich morgens und dann am Mittag, wenn ich zurückkam, im Keller

die Kleidung. Zu Hause lief ich herum wie Aschenputtel. Ging ich nachmittags zur Schule, zog ich mich nochmal um. Am Abend zu Hause trug ich wieder meine Lumpen.

Ich hatte mich bei einigen Lehren über meine Lage beklagt. Sie hatten mir aber keinen Glauben geschenkt und behauptet, ich würde herumfantasieren und das alles nur erfinden. « Heranwachsende erfänden viele Geschichten und ich sein ein Mädchen ohne Probleme. » Oh mein Gott! Ich hatte meine wahre Situation anscheinend sehr gut vor allen verborgen.

Damals führte ich ein Tagebuch. Darin hatte ich vieles niedergeschrieben: meine Probleme im Keller, meine Probleme mit Jungs, meinen Wunsch wegzulaufen. Die fehlende Liebe, der fehlende Vater, der mich zurückstieß, wenigstens aber ignorierte. Die Suche nach Zärtlichkeit, nach Küssen, die er mir nie gab. Mir ging es richtig schlecht.

Verlassen

1982

Meine Flucht

An einem Samstag im Januar hatte ich, so wie immer, meine Mutter besucht.

Da machte *sie* mir aus Eifersucht eine riesige Szene. Zum wiederholten Male erklärte *sie* mir, dass meine Mutter von Grund auf schlecht sei und mir Böses wolle.

Auch mein Vater beharrte darauf, dass meine Mutter eine schlechte Person sei. Wenn er könnte, würde er sie dafür bezahlen lassen. Er wisse, behauptete er, wie man jemanden langsam leiden oder zu Grunde gehen lassen könne.

An diesem Samstag spielte ich mit meinem großen Bruder ein Videospiel, das mein kleiner Bruder gekauft hatte. Da rief *sie* ganz außer sich bei meiner Mutter an und verlangte, dass ich sofort nach Hause kommen solle.

Als ich fragte warum, antwortete *sie* mir einfach nur, dass *sie* mein Tagebuch gelesen habe und verlange, dass ich umgehend zurückkomme. In meinem Tagebuch hatte ich über die Beziehung meiner Mutter mit dem verheirateten Mann geschrieben. Aber auch über meine negativen Erlebnisse bei ihnen, wie zum Beispiel die Sache ≪ mit dem Keller ≫. Sie flehte mich an, nach Hause zu kommen. Weil ich mich weigerte, *ihr* zu gehorchen, bekam *sie* am Telefon einen Weinkrampf.

An diesem Tag ging ich in Begleitung meines großen Bruders zur Gendarmerie und teilte ihnen mit, dass nicht mehr bei meinem Vater leben wolle und nun vorübergehend bei meiner Mutter wohnte. Die Gendarmen beachteten mich und meine Notlage nicht weiter. Sie sagten nur: ≪ Sie

müssen wissen, was Sie wollen, Mademoiselle, bei wem Sie leben wollen. » « Woher soll ich das wissen? Ich weiß ja noch nicht einmal, wer ich selbst bin! ».

Ich wusste nicht, was ich wollte. Am liebsten wäre ich einfach davon gelaufen. Am liebsten wäre ich gestorben.

In dieser Nacht ging meine Mutter zur Arbeit. Ich entschied mich, mit ihr zu gehen, da ich nicht allein sein wollte. Ich war erleichtert, zu meiner Mutter gegangen zu sein und verbrachte eine ruhige Nacht bei ihr im Krankenhaus.

Früh am Sonntagmorgen hatte ich mich entschieden. Ich wollte wieder bei meiner Mutter wohnen. Ich glaube, dass Mama darunter gelitten hat, dass ich nicht bei ihr gelebt habe. Auf eine gewisse Weise war sie sicher froh, dass ich wieder zu ihr zurückging.

In Wahrheit bin ich wieder zu ihr gezogen, weil ich keine Alternative hatte. Ich hatte sogar begonnen, Zeitungsanzeigen zu studieren und nach einer Pflegefamilie Ausschau zu halten.

Am nächsten Morgen hatte ich einen harten Tag vor mir. Ich musste noch einmal zu meinem Vater gehen, um meine Schulsachen, den Schmuck und die Kleidung abzuholen. Ich hatte Angst davor und befürchtete eine Konfrontation, da ich wusste, wie grausam und gewalttätig *sie* sein konnte. So kam es dann auch. *Sie* öffnete die Tür und zog mich hinein. Mama, die mich begleitet hatte, erhielt einen Schlag auf ihre Nase.

Kaum hatte *sie* mich ins Zimmer gezogen, schlug sie erbarmungslos auf mich ein. *Sie* schlug so hart zu, dass meine Nase blutete und ich blaue Flecken bekam. *Sie* warf mir die Schultasche ins Gesicht und weigerte sich, mir meinen Schmuck, die Kommunionskette und die Ohrringe auszuhändigen, ebenso meine Kleidung. Mein Tagebuch warf sie in den Müll. Mein Vater schaute nur zu, blieb passiv, unternahm nichts gegen ihre Aggressivität.

Ihre Kinder hatten die ganze Auseinandersetzung mitbekommen.

Sicher bin ich nicht zu meiner Mutter zurückgekehrt, weil ich große Lust darauf hatte, sondern weil ich dieses Leben, diesen feigen Vater, der zusah, wie mich diese Frau langsam zerstörte, verlassen wollte. Ich habe bei *ihr* viel geweint.

Oft habe ich meinem Vater gesagt, dass *sie* mir keine Luft zum Atmen lässt und mich depressiv macht.

Mein Seelenzustand schien *sie* nicht sonderlich zu kümmern. Im Gegenteil. Es machte *sie* wütend.

Zweifelsohne konnte *sie* einfach nicht verstehen, dass sich jemand bei *ihr* nicht wohlfühlen könne. Oft bezeichnete ich ihre Wohnung als meinen « goldenen Käfig ».

Ich musste nun versuchen, moralisch und emotional wieder auf die Beine zu kommen.

Außerdem hatte ich keine Kleidung mehr, so dass Mama mir auf die Schnelle etwas kaufen musste.

Am Montag ging ich wieder ins Lycée. Alles war anders geworden. Ich erzählte meinen Freundinnen, was passiert war und sie akzeptierten mich so wie ich war mit all meinen Problemen. Ich hatte wirklich großes Glück, so tolle Freundinnen zu haben.

Das zehnte Schuljahr endete ziemlich schlecht, denn meine Noten waren wieder abgestürzt.

Das Fallbeil fiel herab: ich sollte das Schuljahr wiederholen. Ich war in Tränen aufgelöst, fand bei Mama aber keinen Trost. Zwischen uns gab es eine große Distanz und kein Vertrauensverhältnis mehr. Schließlich hatte ich über eineinhalb Jahre nicht mehr bei ihr gewohnt.

Ich konnte die Vorstellung sitzen zu bleiben und die Klasse zu wiederholen, nicht akzeptieren. Nur weil meine Leistungen zu schlecht waren und meine Lehrer der Meinung waren, ich würde nicht genug arbeiten und faul sein.

Wussten sie, was ich durchmachen musste, dass es mir schlecht ging?

Verstanden sie, dass es sich um einen Hilferuf handelte? Ich glaube nicht.

An der Schule gab es die Möglichkeit, an einer speziellen Prüfung teilzunehmen, um doch noch versetzt zu werden. Alle, die nicht einverstanden waren sitzen zu bleiben, konnten daran teilnehmen. Die Erfolgsaussichten waren jedoch gering.

Geprüft wurden mehrere Fächer: Französisch, Geographie und Fremdsprachen.

Ich legte die Prüfung ab und hatte gleich das Gefühl bestanden zu haben. Ich wollte es schaffen und ich würde es schaffen. Am Tag, als die Ergebnisse bekannt gemacht wurden, schien die Sonne. Nur 4 von 200 Schülern hatten bestanden und ich war eine davon.

Das bewies, dass ich sehr wohl fähig war mich durchzukämpfen, zu lernen und Erfolg zu haben. Ganz im Gegensatz zu dem, was mancher von mir behauptete.

Das kommende Schuljahr 1982/1983 erwies sich als sehr positiv für mich. In dieser Zeit hatte ich wundervolle Begegnungen. Mit Catherine, mit der ich gemeinsam die Schulbank drückte, und außerhalb der Schule mit meiner spanischen Brieffreundin.

Über sie fand ich einen neuen spanischen Brieffreund. Und ich lernte ein neues Gefühl kennen: die Liebe.

1982–1983

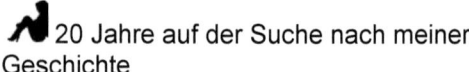

Meine schönsten Jahre

Rückblick. In der neunten Klasse hatte ich begonnen, einer spanischen Brieffreundin zu schreiben. Sie hieß Montse und stammte aus den Pyrenäen im Norden Kataloniens. Seit 1980 schrieb ich ihr regelmäßig ungefähr einmal im Monat. Wir standen uns sehr nah und sie wusste ziemlich gut über mein Leben Bescheid.
Ich hatte große Lust, sie zu persönlich treffen und wir waren uns sicher, dass wir uns sofort gut verstehen und sehr gute Freundinnen werden würden
Montse hatte blonde Haare und blaue Augen und träumte davon, Lehrerin für Katalanisch zu werden. Das ist ihre Muttersprache.

Wir unterhielten uns über unser Leben und unsere Enttäuschungen.

Sie hatte noch keinen Freund. Ich auch nicht. Sie hing sehr an ihren Eltern.

Ich freute mich sehr über ihre Briefe und liebte es, in der Sprache Cervantes' zu schreiben.

Aber ich wollte auch noch einen männlichen Brieffreund haben. Meine Schulfreundin Frédérique schrieb sich bereits mit einem Spanier, dessen Adresse sie von meiner Brieffreundin Montse bekommen hatte. Von Montse wusste er bereits von mir. So war er nicht sehr überrascht, als er hörte, dass ich gerne mit ihm korrespondieren möchte.

Ich schickte ihm im Sommer 1982 einen ersten Brief und legte ein Foto von mir bei. Ich hatte ein paar Wochen vorher bei einem professionellen Fotografen Bilder machen lassen und muss sagen, dass sie sehr gut geworden sind – auch wenn ich mich damals sehr hässlich fand. Er antwortete mir nur wenige Wochen später.

Er erzählte von sich und seiner Familie und schickte viele Fotos und Postkarten von seiner Region und auch ein Bild von sich mit.

Als ich ihn auf dem Bild sah, war ich sehr angetan, denn er entsprach genau meinem Schönheitsideal: groß, braunhaarig, schwarze Augen, mediterran. Ich war mir sicher, dass wir uns bereits in naher Zukunft persönlich kennenlernen würden. Es musste einfach klappen.

Wir schrieben uns regelmäßig und telefonierten sogar ziemlich oft miteinander. Ich kann das Gefühl, das mich überkam, nicht beschreiben, aber mir war doch irgendwie klar, dass er « nur » ein Brieffreund war und ich das Ganze vielleicht zu stark idealisierte.

Aber jedes Mal, wenn wir am Telefon miteinander auf Französisch oder Spanisch sprachen, war ich fasziniert von seiner Stimme. Sie war warm und angenehm.

Ich sprach auch mit seinen Eltern. Seine Mutter schien mir sehr nett zu sein und sein Vater hatte eine sehr sanfte Stimme, genau wie sein Sohn.

Ich fühlte mich seinem Vater gleich sehr nah, denn er war in meinen Augen das Beispiel für einen aufmerksamen und fröhlichen Papa.

Wenn ich mit meinem Brieffreund telefonierte, lachten wir viel miteinander. Das lag daran, dass wir beim Sprechen oft lustige Fehler machten.

Ich fühlte mich ihm sehr nah und wartete immer gespannt auf unser nächstes Telefonat samstagabends. Ich träumte davon, ihm endlich persönlich zu begegnen. Und es klappte schließlich!

Er lud mich 1982 ein, Weihnachten bei ihm zu Hause zu verbringen. Mama hatte zwar nicht viel Geld, kaufte mir aber dennoch eine Zugfahrkarte von Paris nach Girona.

Ich sollte meine Ferien vom 23.12 bis zum 2.1. in Spanien verbringen. Noch nie war ich in Spanien gewesen, aber ich hatte nur noch das im Kopf.

Ich war ganz aufgeregt bei dem Gedanken, ihm zu begegnen und eine

tolle Zeit in diesem fremden Land zu verbringen.

War ich wegen ihm so aufgeregt oder wegen der Vorfreude auf Spanien? Wahrscheinlich war es eine Mischung aus beidem. Und auch, weil ich so gerne Spanisch sprach.

Ich würde außerdem meine Brieffreundin Montse und ihre Familie treffen. Zwar konnte ich nicht bei ihnen wohnen, aber ich würde dennoch viel Zeit mit ihnen verbringen.

Am 22. Dezember 1982, nach einer abenteuerlichen Fahrt durch Paris auf der Suche nach dem Bahnhof Austerlitz, stieg ich in den Zug nach Spanien.

Ich fuhr Personen entgegen, die ich fast nur aus ihren Briefen kannte, und einem neuen Land, das mein Leben total verändern sollte. In Spanien begann ein wundervolles Abenteuer.

Nach einer Nacht im Zug fuhr ich früh am Morgen über die französisch-spanische Grenze und kam um 11 Uhr in Girona an. Allerdings nicht, ohne ein paar haarsträubende Abenteuer wie dieses durchzustehen:

« Der Zug fuhr in den Bahnhof von Girona ein und ich hatte mich bei den Mitreisenden versichert, dass es sich um die richtige Haltestelle handelt. Sie sagten mir, dass ich beim nächsten Halt aussteigen müsse. Das tat ich auch! Unglücklicherweise hatte der Zug nur wegen eines roten Stoppsignals angehalten und so stand ich mitten auf den Gleisen. Ich war überrascht, dass die Türen keinerlei Sperrvorrichtung hatten und einfach so geöffnet werden konnten. Ich lief los und folgte den Gleisen. Ein Mann, der alles mit angesehen hatte, wies mir den Weg zu einer Brücke und rief mir aus seinem Fenster zu, ich solle zum Posten der « Guardia Civil » gehen, der ein paar hundert Meter weiter liege. Ich fand die Brücke, warf meinen Koffer von ihr herab und sprang auf ihn herunter, um meinen Sprung abzufedern.

An der Straße angelangt lief ich bis zur Polizeistation. Ich versuchte, dem Mann

am Eingang zu erklären, was passiert war und bat ihn, ein Taxi zu rufen, damit ich so schnell wie möglich zum Bahnhof in Girona fahren konnte. Meine Freunde warteten dort seit 11 Uhr auf mich und jetzt war es schon 11.30 Uhr. »

Als ich am Bahnhof ankam, warteten alle noch auf mich. *Ihn* erkannte ich nicht sofort. Er wartete zusammen mit seinen Eltern, an seiner Seite stand ein Mädchen.

Sie hatte blonde lockige Haare und nicht braune und glatte wie auf dem Foto, das ich kannte. Darum glaubte ich, dass sie seine Freundin sei. Er trug alte Turnschuhe, hatte strubbelige Haare und einen unmodernen Look. Ich war enttäuscht. Aber ich war in einem mir unbekannten Land, das Wetter war schön, es lag kein Schnee und die Sonne strahlte mir ins Gesicht und blendete mich. Während der Fahrt von Girona nach Olot betrachtete ich die fantastische Landschaft, die von der

Sonne hell angestrahlt wurde. Ich verliebte mich in dieses fremde Land. Ich hatte das Paradies auf Erden gefunden. Bei ihm angekommen fühlte ich mich sofort wie zu Hause. Ich war in perfekter Harmonie, wurde herzlich in seine Familie aufgenommen.

Seine Eltern bemühten sich sehr um mich, waren mir auf Anhieb vertraut. So eine familiäre Wärme kannte ich von zu Hause nicht. Seine Eltern verbrachten den Tag mit mir. Wir sprachen zusammen viel auf Spanisch. Sie zeigten mir alle schönen Ecken ihrer kleinen Stadt.

Aber die meiste Zeit war ich bei meiner Brieffreundin Montse. Ihre Eltern waren ebenfalls sehr warmherzig und hatten mich sofort « adoptiert ». Ich verbrachte lange Nachmittage bei ihnen, vor allem aber die Mittagessen. Mit Montse sprach ich wenig über meinen Vater.

Abends ging ich zusammen mit Montse und ihren Freundinnen aus. Danach kehrte ich zu ihm nach Hause zurück. Die Ausflüge mit ihm und seinen Freunden waren sehr angenehm. Seine Eltern und mich verband eine große Vertrautheit. Oft sprach ich mit seiner Mutter darüber, wie sehr mir eine Vaterfigur in meinem Leben fehlt. Sie war sehr offen und verständnisvoll, sein Vater sehr fröhlich und heiter.

Der Weihnachtsabend, den ich in seiner Familie verbrachte, war unvergesslich und es gab viele Geschenke. Er und ich waren dicke Freunde. Ich war gar nicht mehr enttäuscht davon, dass er nicht so aussah wie in meiner Vorstellung. Ganz im Gegenteil. Ich verspürte eine enorme Sympathie und auch Zärtlichkeit für ihn. Ja, er war mein Freund, aber ich glaubte nicht einen Augenblick daran, dass ich Gefühle für ihn entwickeln würde.

Meine Brieffreundin hatte mich an Sylvester eingeladen, um mit ihr zu feiern. Ich entschloss mich jedoch, mit ihm und seinen Freunden auszugehen. Er war schon 18 und hatte einen Führerschein. Also fuhren wir mit dem Auto in ein Dorf am Meer, « Sant-Pere Pescador ». Seine Freunde waren alle sehr nett und liebeswürdig und machten viele Witze über meinen Akzent. Das war amüsant. Ich fühlte mich wohl und gut bei ihnen aufgehoben.

Für sie war ich ein fröhlicher Mensch, voller Lebenslust. Wer hätte gedacht, dass ich innerlich zerrissen war und unter einem großen Mangel litt? Der Mangel, der mich auffraß, war mein Vater, mein abwesender Vater, war, keinen richtigen Vater zu haben. Ich hatte keinen Kontakt mehr zu ihm und suchte ihn auch nicht. Ich war gefangen im Hass, beschäftigt damit, mich selbst zu finden, litt darunter, dass mir so

vieles fehlte. Tatsächlich war mein Vater schwach und feige.

Er hatte uns seit vielen Jahren verlassen. Ich hatte bei ihm gewohnt und doch seine Nähe nie gespürt. Niemals einen Kuss, eine Umarmung, nie ein « Ich liebe dich ». In meiner Jugendzeit gab es keine Zuneigung und Zärtlichkeit. Ich suchte immer danach und fand sie auf einmal in seiner Familie.

Und in anderen Familien. Nach unserer feucht-fröhlichen Feier an Sylvester ergriff mich plötzlich ein neues Gefühl, das ich seit meiner Ankunft in Spanien ohne es zu wissen unterdrückt hatte. Ich hatte mich ganz einfach in meinen spanischen Freund verliebt. Ich fand aber nicht die Worte, um ihm zu sagen, was ich für ihn fühlte. Weder damals noch später, noch nachdem wir uns geküsst hatten.

Ich weinte viel, als ich am nächsten Tag den Zug zurück nach Hause bestieg.

Aber ich wusste, dass nun mein Leben nicht mehr so war wie vorher. Ich hatte mich in Spanien verliebt und war entschlossen schnell wieder hierher zurückzukehren. Ich war mir sicher, dass er mich genauso verletzen und leiden lassen würde wie mein Vater. Darum unterdrückte ich meine Gefühle für ihn und das Leben nahm seinen gewohnten Lauf. Ich plante, meine Brieffreundin im Sommer 1983 wiederzusehen. Wir waren übereingekommen, dass sie ihre Ferien zusammen mit uns in der Vendée verbringen würde. Nach den Winterferien verbesserten sich meine Noten am Lycée deutlich. Im Februar erhielt ich einen Brief von ihm, in dem er mir seine Gefühle gestand. Am Telefon antwortete ich ihm, dass auch ich genauso tiefe Gefühle für ihn empfinden würde, aber dass ich mich nicht an ihn binden könne, aus Angst jemanden zu lieben. Ich glaubte, ich sei es nicht

Wert. Außerdem stammte er aus einer intakten Familie, war ein Junge ohne Probleme. Jemand, der mich nicht so lieben könnte, wie ich es erwartete. Er warf mir vor, ich hätte ihn wegen eines anderen fallen gelassen. Unsere Charaktere waren total verschieden. Zum einen wegen unserer verschiedenen Familiengeschichten, zum anderen, weil ich auf der Suche nach Zärtlichkeit war und er einfach nur eine Freundin haben wollte, vielleicht auch Liebe. Ich habe ihm erklärt, dass ich ihn liebe, aber dass ich meine aufkommenden Gefühle für ihn dennoch gleich unterdrückt hätte. Und trotzdem litt ich, denn ich hatte mich in ihn verliebt.

Nach ihm hatte ich noch andere Beziehungen, was mir aber letztendlich nichts gebracht hat außer wenigen Momenten der Zärtlichkeit. Eric, Frank, Steve, Xavier: für sie alle verspürte ich keine echten Gefühle.

Mittlerweile hatte mein spanischer Freund eine neue Freundin. Und dennoch trafen wir uns jedes Mal wieder, wenn ich meine Freundin Montse in Spanien besuchte. Unsere Wiedersehen waren unbeschreiblich schön. 1988 sah ich ihn noch einmal. Dabei hatte er mir erneut seine Liebe beteuert. Aber es blieb bei diesem letzten Treffen. Heute ist mir klar, dass diese ganze Situation nur von mir verursacht wurde. Ich hatte mich, ohne es zu wollen, wiederholt von ihm abgewandt. Denn ich wollte letztlich keine Liebesbeziehung eingehen. Paradoxerweise ausgerechnet nicht mit ihm – *weil* ich ihn liebte. Seitdem hatte ich etliche « emotionale Beziehungen », immer mit dem Ziel, nicht unter ihnen zu leiden, mein Gefühlsleben zu schützen und keine echte Liebe zuzulassen. Mein Plan hat gut funktioniert. Ich dachte, ich verdiene ihre Liebe nicht, denn ich

verdiente es nicht geliebt zu werden. Sonst wäre doch mein Vater bei mir geblieben! Das Unterbewusstsein ist merkwürdig. Es bestraft einen für Dinge, die man nicht getan hat. Ich jedenfalls verbot mir, glücklich zu sein. Ich zog es vor, mich zu bestrafen.

1983

Mein BAC

1983 ist das Jahr, in dem *sie* ihr viertes Kind von meinem Vater zur Welt brachte, ein Mädchen. Ich war in den Schulferien mit meiner Familie und meiner Freundin Montse in die Vendée gefahren. Das war das erste Mal, dass ich eine Freundin zu uns eingeladen hatte. Dort traf ich auch Estelle wieder, die ich seit zwei Jahren nicht mehr gesehen hatte, mit der ich aber in Kontakt geblieben war. 1983 machte ich auch mein BAC (Abitur) mit guten Noten in den Fremdsprachen. Ich träumte davon, zu reisen oder Journalismus zu studieren. Aber wir verfügten nicht über die finanziellen Mittel, um eine renommierte Privatschule zu bezahlen. Darum blieb ich in Valenciennes und entschied mich, Jura zu studieren. Warum Jura?

Ganz einfach weil man auf diesem Gebiet recht gut Berufsaussichten hat, dachte ich. Von heute aus gesehen war das keine gute Entscheidung. Dennoch stehe ich dazu. Schließlich habe ich an der Universität auch viele gute Zeiten gehabt. Ich war stolz, mich an der Universität einzuschreiben, und da ich noch nicht volljährig war, musste meine Mutter mitkommen, um für mich zu unterschreiben. Meine Freundin Montse hatte ebenfalls ihr Studium begonnen: Literatur an der Universität Girona. Während meiner ersten zwei Jahre an der Universität habe ich viele Freundinnen gefunden, bin ausgegangen und habe den einen oder anderen

oberflächlichen Flirt gehabt, wohl wissend, dass nur einer meine Gedanken beherrschte - Pere, mein spanischer Freund.

Damals zogen wir von unserem Apartment um in ein Haus, das sich Mama endlich gekauft hatte. Eines Tages traf ich *sie* zufällig auf der Straße. *Sie* war mit dem Mofa unterwegs und schien sich zu freuen, mich nach über einem Jahr wiederzusehen. Vor allem war *sie* überrascht zu sehen, dass es mir gut ging und dass ich sehr modern gekleidet war. Sie bat mich stehen zu bleiben und schlug vor, gemeinsam etwas trinken zu gehen. Wir gingen in ein Café und begannen, über meinen Vater zu diskutieren. *Sie* erzählte, dass *sie* immer noch mit ihm zusammen sei, ihn aber nicht mehr liebe. Wir trafen uns ein paar Wochen später noch einmal, wobei *sie* mir meinen Schmuck zurückgab. Es gab noch weitere Treffen, von denen wir aber niemandem erzählten. Dabei näherte ich mich *ihr* Schritt für Schritt wieder an. Unsere Begegnungen fanden immer ohne meinen Vater statt. Für ihn hatte ich nur noch Verachtung und Hass übrig. Er blieb nur deswegen bei *ihr*, weil er nicht auf der Straße landen wollte. *Sie* gestand mir, heimlich eine Beziehung zu einem verheirateten Mann zu haben, nach dem *sie* völlig verrückt sei. Gerne wollte *sie* meinen Vater aus dem Haus werfen, aber der wollte das natürlich nicht. *Sie* war nach wie vor nicht ausgeglichen und stabil und hatte darum immer wieder Wutanfälle, wie ich sie noch von früher kannte.

1984–1988

Die Jahre an der FAC

Sie vertraute sich mir mehr und mehr an und beklagte sich immer wieder über meinen Vater. Dabei schien *sie* zu vergessen, dass ich trotz allem seine Tochter war. Eigentlich hatte ich nicht wirklich Lust auf einen allzu engen Kontakt zu *ihr* Ich war über die Scheidung meiner Eltern noch nicht hinweg, hatte das Ganze, obwohl es bereits 10 Jahre zurücklag, immer noch nicht verdaut. Die Scheidung schwebte über mir wie ein unabwendbares Schicksal. Ich war immer noch auf der Suche nach einem Vater und suchte oft Kontakt zu den Vätern meiner Freundinnen. Und glücklicherweise hatte ich einige sehr gute Freundinnen. Ich hatte auch den einen oder anderen Freund, ohne dass es mir groß etwas bedeutet hätte.

Ich verabscheute Männer. Das waren doch eh alles nur Schweine. Am besten kam ich mit Männern aus, die nichts von mir wollten. Und denjenigen, die sich für mich interessierten, begegnete ich mit völliger Gleichgültigkeit oder tat alles, um sie zurückzustoßen.

Sie war ein fünftes Mal schwanger geworden. Ihre kleine Tochter kam im April 1985 zu Welt - und starb 54 Tage später am plötzlichen Kindstod. Danach verfiel *sie* in eine tiefe Depression, wurde noch gewalttätiger und schlug sogar ihre eigenen Kinder. An einem dieser Tage, als *sie* noch

betrunkener war als sonst, versuchte *sie*, sich das Leben zu nehmen, indem *sie* absichtlich gegen eine Mauer fuhr. S*ie* kam zusammen mit ihrer zweijährigen Tochter, meiner Halbschwester, die eine Schädelfraktur erlitten und ein Bein gebrochen hatte, ins Krankenhaus. *Sie* selbst hatte nur eine kleine Wunde an der Stirn, die mit wenigen Stichen genäht wurde.

Wie soll man sich selbst wertschätzen, wenn man mit Eltern aufwächst, die ihrerseits unausgeglichen sind und keine Stabilität besitzen? Wie soll man im Gleichgewicht sein, wenn man in seiner Kindheit nicht die dafür nötigen Wurzeln bilden konnte? Man muss nach ihnen suchen, sie finden. « Sie » entschloss sich danach, meinen Vater endgültig aus dem Haus zu werfen. Er versuchte daraufhin, sich wieder meiner Mutter anzunähern.

Eines Abends stand er vor ihrer Tür und fragte sie, ob er für eine Nacht bei ihr übernachten könne. Er war an diesem Abend derart betrunken, dass er sich im Badezimmer den Kopf anstieß.

Noch am selben Abend fragte er meine Mutter, ob sie bereit wäre, ihn wieder bei sich aufzunehmen. Ob sie bereit wäre, mit *ihm* ein neues Leben zu beginnen. Ob er wenigstens aber für eine Nacht in ihrem Haus bleiben könne.

Mama war so geistesgegenwärtig, ihm zu antworten, dass sie ihn nicht mehr liebe. Damals war Mama immer noch mit dem verheirateten Mann zusammen, hatte aber vor, sich von ihm zu trennen. Das Auftauchen meines Vaters sorgte dafür, dass sie es schließlich auch tat. So verbrachte unser Vater die Nacht bei uns. Wir hofften, dass dies eine Ausnahme bliebe und dass er nicht mehr zurückkäme.

Am nächsten Morgen traf ich meine

Vorbereitungen und wollte dann zur Universität gehen. Er fragte mich, ob er mich begleiten dürfe, wenigstens bis zum Campus. Das tat er dann auch. Ich sollte ihn nie mehr wiedersehen. In diesem Jahr brach ich außerdem endgültig den Kontakt zu *ihr* ab, und ihren vier Kindern, meinen Halbbrüdern und - Shwestern. Ich begann, wieder ein Tagebuch zu führen und schrieb viele Gedichte. Ich lachte viel, fühlte mich an der Universität sehr wohl und wurde von meinen Freunden und Freundinnen sehr geschätzt. Ich liebte diese Zeit. Ich hatte viel gute Bekannte, sehr gute Freunde und ging viel mit ihnen aus.

Mein großer Bruder und ich verstanden uns wieder besser. Er vertraute mir seine Probleme an. Auch er suchte nach jemandem, der ihn liebt. Gerne hätte er eine Freundin gehabt und litt sehr darunter, dass er keine fand.

Mein Bruder suchte nach einem

Halt, nach seiner Identität - und fing schließlich an, nach seinem Vater zu suchen.

Meine kleine Schwester befand sich in keiner guten Gesellschaft und sie beging sogar kleinere Delikte. Aber war es ihre Schuld? Als die Jüngste hatte sie so gut wie keinen Kontakt zu meinem Vater gehabt und ihn nie als Vater erlebt. Ich erinnere mich an eine Schwester, die viel darunter litt und weinte. Sie schlief im selben Zimmer wie meine Mutter. Oft schlief sie nachts auf der Treppe zu meinem Schlafzimmer ein, wenn wir wieder mal allein waren, weil Mama abends zur Arbeit gegangen war. Sie fühlte sich verlassen. Sie war verlassen. Als meine Mutter mit einer ihrer Freundinnen ausging, lernte sie zufällig jemanden kennen. Mit ihm ist sie immer noch, nach über 30 Jahren, zusammen. Mamas Gesicht strahlte, als sie ihn zum ersten Mal sah. Ich habe ihn

auch sofort gemocht, denn er ist ein seriöser Mann, der viel für Mama empfindet.

Und jetzt... noch einmal zurück ins Jahr 1984.

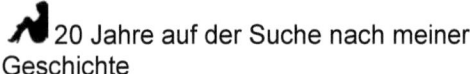

Verlassen

1984

Der Umzug

Ich legte meine ersten Prüfungen in Verfassungsrecht ab : am 24. Februar 1984 zogen wir nach Valenciennes um. Das Haus lag in einem guten Stadtteil nicht weit von der Uni entfernt. Nun konnten wir bequem zu Fuß zur Uni gehen und mittags zum Essen nach Hause zurückkommen.

Ich genoss diese neue Situation sehr. Mama war sehr stolz darauf, dass sie sich das Haus « ganz allein », wie sie sagte, kaufen konnte. Und wir lebten endlich wieder in einem Haus.

Es war allerdings renovierungs-bedürftig und die Bauarbeiten begannen sehr bald. Am Anfang wohnte mein großer Bruder in dem Zimmer an der Straße, das ursprünglich als Salon gedacht war.

Mein kleiner Bruder und ich schliefen im ersten Stock und meine Mutter zusammen mit meiner Schwester im Raum daneben. Wir warteten darauf, dass die beiden Zimmer unter dem Dach fertig wurden.

Sie waren für meinen großen Bruder und für mich vorgesehen. Mein kleiner Bruder würde dann das große Zimmer zur Straße heraus für sich allein bekommen und meine Mutter zusammen mit meiner Schwester in dem gegenüberliegenden Zimmer bleiben, das zum Garten hin lag. Heute frage ich mich, ob es in Ordnung war, dass meine kleine Schwester kein eigenes Zimmer erhielt, sondern eines mit meiner Mutter teilte?

Hat eine Mutter etwa kein Recht auf Privatsphäre?

Außerdem kehrte mein kleiner Bruder nur am Wochenende nach Hause zurück - eigentlich hätte er das Durchgangszimmer bekommen müssen und nicht meine Mutter.

Zwei Jahre später nahm sich mein großer Bruder dann eine kleine Wohnung im Stadtzentrum. Der Hauptgrund war, dass er sich nicht mehr mit meiner kleinen Schwester verstand, die ihm, man kann es nicht anders sagen, das Leben ganz schön schwer machte.

Die Bauarbeiten an den Strom-, Gas- und Wasserleitungen sowie an den Zwischenwänden und der Fenstertausch dauerten mehrere Wochen. Danach, Anfang Mai, tapezierte und strich ich zusammen mit meiner Mutter mein künftiges Zimmer unter dem Dach.

Dann zog ich dort ein. Ich habe mich in meinem neuen Zimmer sofort sehr wohl gefühlt. Es wurde zum Zimmer meiner Erinnerungen, meiner Tränen, meiner Stunden voller Freude. Der Sommer erwies sich als besonders schwierig, weil ich bei den letzten Prüfungen durchgefallen war und im August meine Zeit damit verbringen musste, den Stoff zu wiederholen, um für die Nachprüfung im September fit zu sein.

Das hinderte mich aber nicht daran, im Juli noch einmal für einen Monat nach Spanien zu reisen. Ich fuhr mit dem Euroline-Bus abends in Valenciennes los und kam am nächsten Morgen am Bahnhof in Girona an, wo mich meine spanische Freundin zusammen mit ihrem Vater abholte. Ich war glücklich und vergaß alles.

Ich wusste, dass dieses Land in mir positive Schwingungen erzeugte und dass ich die Leute wiedertreffen würde, die ich liebte.

Ich hatte versucht, meinen spanischen Freund zu vergessen, obwohl ich genau wusste, dass ich etwas für ihn empfand und dass ich diese Gefühle unterdrückte. Eines Abends, ich war ausgegangen, traf ich ihn in einer Disco.

Pere hatte mit seiner Freundin Schluss gemacht und war wieder solo. Ich hatte gerade eine neue, kurze Beziehung mit einem Italiener, wollte aber bei meiner Rückkehr mit ihm Schluss machen.

Auch wenn ich noch Gefühle für Pere hatte, so wusste ich doch, dass eine Beziehung zwischen uns nicht funktionieren würde. Außerdem war er ja der Meinung, ich hätte ihn wegen einem anderen versetzt, « me has rechazado », wie er sagte.

Aber das stimmte natürlich nicht. So waren wir beide in unseren verqueren Ansichten gefangen.

Zwar wollte ich mich an niemanden

fest binden, jedoch wollte ich auch nicht mit mehreren Männern gleichzeitig eine Beziehung haben. Eins war mir klar: ich konnte Pere nicht lieben, weil ich im Grunde einen Vater suchte, der *mich* liebte.

Er hingegen wollte ganz einfach eine Freundin. Trotz allem waren meine Gefühle ihm gegenüber echt. In seiner Heimatstadt Olot, wo auch heute noch meine Freundin wohnt, liefen wir uns regelmäßig über den Weg. Ein paar Tage nach meiner Ankunft in Olot fuhr ich mit meiner Freundin Montse nach Pals.

Das ist ein zauberhaftes kleines, mittelalterliches Dorf. 4 Wochen lang wohnten wir dort im Pfarrhaus bei ihrem Onkel, der damals der Pfarrer von Pals war.

Das Haus war geräumig und hell. Er war unglaublich liebenswert. Wir haben viel Zeit mit ihm verbracht und unsere Abende bei ihm wirklich

genossen. Wenn er Zeit hatte, nahm er uns mit und zeigte uns die Gegend. Dank ihm habe ich zum ersten Mal Barcelona entdeckt, die wunderbare Stadt, die niemals schläft. Damals war Barcelona noch viel ruhiger als heute, aber voller Charme.

Ich bin ihrem Zauber sofort erlegen. Ich erinnere mich an lange Diskussionen mit meiner spanischen Freundin Montse: über ihr Leben in Katalonien, ihre Muttersprache, die sie beherrschte, und auch über unser gegenseitiges Unverständnis, weil ich nicht verstehen konnte, warum sie nicht mit allen Spanisch sprach.

Schließlich war ich ja genau deswegen hergekommen.

Immer wenn sie Katalanisch mit den anderen redete, fühlte ich mich ausgeschlossen.

Das ist im Übrigen immer noch ein Diskussionspunkt, der mich auch nach dreißig Jahren sowohl mit den Katalanen verbindet als auch von ihnen trennt. Auch wenn ich mittlerweile Katalanisch gelernt habe.

Ich denke, ich habe mich durch meine vielen Auslandsaufenthalte stark verändert und weiterentwickelt. Das Leben im Ausland hat meinen Blickwinkel verändert, während sie in ihrem Land geblieben sind und mir in Bezug auf die Wirklichkeit nicht so offen erscheinen.

Jedenfalls habe ich vier fantastische Wochen in Spanien verbracht und seitdem war mir klar, dass ich « süchtig » nach diesem Land geworden war. Ich musste unbedingt wieder hierher zurückkommen.

Wieder zu Hause habe ich mich den ganzen restlichen Sommer auf die Wiederholung meiner Prüfungen vorbereitet. Leider habe ich nicht bestanden, so dass ich mein Grund-

studium wiederholen musste. Komischerweise war die Wiederholung gut für mich, denn ich lernte viele neue Kommilitonen kennen.

Schnell fand ich unter ihnen neue Freunde und verliebte mich auch sofort in einen Jungen, der später ein guter Freund wurde. Leider empfand er nicht dasselbe für mich und ich hätte ihm niemals meine wahren Gefühle gestanden. Ich hatte meine Verehrer, darunter ein Italiener, der total verrückt nach mir war - den ich aber zutiefst abstoßend fand. Er war altmodisch gekleidet, trug viel zu große Hosen, die Krawatte hing schief. Ich konnte ihn mir sehr gut in einem braven, geregelten Leben vorstellen.

Er fühlte sich stark von mir angezogen, fand mich attraktiv. Was fand er nur an mir? In meinen Augen war ich hässlich, obwohl ich sehr schlank war und viele Jungen mich hübsch fanden.

Ich hatte ein jämmerliches Bild von mir selbst. In diesem Jahr traf ich *sie* wieder, obwohl *sie* mir sehr wehgetan hatte. *Sie* war wieder aufgetaucht und sagte mir, wie leid ihr alles täte und dass *sie* gerne wieder den Kontakt zu mir aufnehmen würde. Anfangs wollte *sie* sich heimlich mit mir treffen, weil mein Vater uns nicht sehen wolle. Zumindest ließ er sich nicht blicken. Unsere ersten Treffen fanden in Cafés oder auch manchmal in Restaurants statt und dauerten nur ein paar Stunden. Nach einiger Zeit ließ *sie* mich auch ins Haus hinein, wenn mein Vater nicht da war. Sie hatten zusammen ein Haus gebaut und lebten dort zumindest anfänglich ein ruhiges Leben. Das Jahr 1985 nahm noch eine ganz andere, neue Wendung. Ich schaffte meine Prüfungen wieder nicht und Sandrine starb wenige Tage nach ihrer Geburt.

1985

Meine Prüfungen und der Tod von Sandrine

Ich war in meinem ersten Jahr des Grundstudiums DEUG (diplôme d'études universitaires générales) und das Jahr an der Uni begann vielversprechend.

Zu Hause allerdings hatte ich gleich an mehreren Fronten zu kämpfen. Mama arbeitete nachts und kam erst morgens wieder zurück, wenn wir zur Uni gingen. Wenn ich mittags nach Hause kam, war ich es, die sich darum kümmerte, das Essen für meinen großen Bruder, meine Schwester und mich zuzubereiten

Mein kleiner Bruder war wochentags auf einer Hotelfachschule und kam nur am Wochenende nach Hause.

Ich erinnere mich an meinen großen Bruder, wie er immer die Treppe herunterkam und in einem fast unbeteiligten Ton fragte: « Nun, was gibt's zu essen? » Das ärgerte mich unglaublich, aber ich tat, was von mir erwartet wurde.

Am Tisch ließ er sich von mir bedienen, so wie meine Mutter immer meinen Vater bedient hat. Ich litt unter dieser Situation, aber machte es dennoch, denn ich wollte meine Mutter entlasten - und zum wiederholten Mal übernahm ich die Rolle, die eigentlich meiner Mutter zukam. Ich kümmerte mich um den Haushalt, räumte auf, kochte, putze die Küche. Wenn ich mich bei meinen Freundinnen darüber beklagte, antworteten sie mir alle: « Du musst lernen, Nein zu sagen ! »

Natürlich hatten sie Recht. Aber das war leicht gesagt, wenn man sich schuldig an der Situation fühlte, in der sich meine Mutter befand: meine Eltern hatten sich wegen *mir* getrennt. Außerdem war ich die älteste Tochter und darum die « natürliche Kandidatin », um die Rolle meine Mutter zu übernehmen.

Ich erinnere mich noch gut an die Samstage und Sonntage, an denen ich das Essen machte, weil Mama arbeiten musste. Darum suchte ich nach einem Ausgleich, einer Fluchtmöglichkeit. Und das war, trotz allem was passiert war, *sie* Mein Verhältnis zu *ihr* kann man nur als krankhaft bezeichnen. Ich weiß. *Sie* und ich, wir hörten uns zu. Mit ihrer Hilfe konnte ich der Enge meines Zimmers, das oft meine letzte Zuflucht war, entfliehen. *Sie* war stets bereit, mir eine Freude zu bereiten - zweifellos wollte s*ie* mich damit kaufen. So war *sie* es auch, die meinen Führerschein bezahlte. Die Fahrschulstunde war immer dienstagsabends. *Sie* fuhr mich hin und holte mich ab. Monatelang hielt ich das vor meiner Familie geheim. Dann erst fing ich an, ihnen hier und da etwas davon zu erzählen. Schließlich besuchte ich *sie* sogar bei sich zu Hause und traf dort überraschend auf meinen Vater.

Er gab sich kalt und distanziert, fast schon arrogant. Damals gestand *sie* mir, dass *sie* meinen Vater nicht mehr liebe. *sie* plante, sich von ihm zu trennen, weil *sie* endlich die Liebe ihres Lebens getroffen habe. Dieser Mann war verheiratet, aber beide waren, so schien es, sehr ineinander verliebt. Er war sehr nett und schien aufrichtig an einer Beziehung zu ihr interessiert zu sein. Trotzdem hatte *sie* weiterhin eine sehr aktive sexuelle Beziehung zu meinem Vater (wie er behauptete). Ausgerechnet in

dieser Zeit, in der *sie* mit beiden Männern gleichzeitig ein Verhältnis hatte, wurde *sie* schwanger und wusste nicht von wem.

Diese Art von Beziehung fand ich äußerst abstoßend. Hinzu kam, dass ich begann, mich vor Babys regelrecht zu ekeln. Ich entschloss mich, als Erwachsene keine Kinder zu haben und wollte mich, sobald es ging, operieren lassen. Noch viele Jahre später fand ich den Gedanken unvorstellbar, schwanger zu sein und zuzusehen, wie mein Körper sich verändert. Mein Bild von einer Frau war genauso negativ wie das von einem Mann. Ich begann, mich sehr maskulin zu kleiden und Anzüge zu tragen. Die Schwangerschaft war für mich der Inbegriff der Weiblichkeit - ausgerechnet so wollte ich nicht sein. Sandrine kam im April 1985 zur Welt. Sie ähnelte meiner Meinung nach ganz klar meiner Schwester und meinem

Vater. Sehr schnell habe ich mich in dieses süße kleine Baby verliebt. Ich war mir dennoch nicht völlig sicher, ob sie meine Schwester war, ich glaubte es aber. *Sie* war sehr stolz auf ihr Baby, von dem *sie* glaubte, es sei von dem verheirateten Mann, in den *sie* verliebt war. *Sie* war richtig überzeugt davon. Später habe ich erfahren, dass Sandrine doch meine Halbschwester war.

Ihre Geburt beschleunigte einige mehr oder weniger tragische Entwicklungen. Eines Nachmittags packte *sie* die Sachen meines Vaters zusammen und warf ihn aus dem Haus.

Noch am selben Abend klopfte mein Vater an unsere Tür. Als meine Mutter öffnete, stand er da, direkt vor uns, auf der Suche nach einem Unterschlupf. Er hatte viel getrunken und konnte sich nur mühsam auf den Beinen halten. Er fragte meine Mutter, ob sie ihn ein paar Tage

bei sich aufnehmen könne. Aber eigentlich war das nur der Versuch, wieder zu ihr zurückzukehren und bei ihr zu wohnen. Meine Mutter war damit einverstanden, ihn für eine Nacht aufzunehmen. Und ihr wurde klar, dass sie ihn überhaupt nicht mehr liebt.

Er wusste nicht mehr, was er sagte, soviel hatte er getrunken. Ich erinnere mich, dass wir dann zusammen zu Abend aßen und wie er später seinen Kopf mehrmals gegen die Toilettenwand stieß. Dabei wiederholte er immer wieder, wie verachtenswert er sei und dass er es nicht verdiene, geliebt zu werden. Mein Vater war nur äußerst selten gewalttätig, jedenfalls so gut wie nie zu anderen. Aber oft sich selbst gegenüber.

Er übernachtete im selben Bett wie meine kleine Schwester. Meine Mutter war arbeiten gegangen und hatte uns mit diesem uns fremdgewordenen Vater allein gelassen.

Am nächsten Morgen, als er wieder nüchtern war, wusch er sich und wollte dann zu seinen Eltern gehen, die ihm angeboten hatten, ihn für ein paar Tage aufzunehmen.

Ich war gerade dabei, zur Uni loszugehen, um dort die letzten Kurse vor den Prüfungen zu besuchen. Da fragte er mich, ob er mich nicht begleiten könne. So ging ich mit ihm zusammen ohne große Begeisterung zur Uni. Ich glaube, er wollte mich aus Stolz begleiten. Aus Stolz auf seine Tochter, die nun auf die Universität ging. Und das, obwohl er in den Jahren zuvor nicht müde wurde zu betonen, dass ich im Leben nichts Gutes zustande bringen würde und dass das im Übrigen auch egal sei, weil ich später eh einen wohlhabenden Mann heiraten würde. Hätte er gewusst, dass ich zu dieser Zeit in einen Spanier verliebt war, der sein Abitur gemacht hatte und bereits

arbeiten ging – dass ich ihn liebte, auch
wenn er nicht studiert hatte – und dass
all die anderen Freunde aus guten
Verhältnissen, die mich liebten, mir egal
waren! Hätte er nur gewusst, was ich mir
alles vorgenommen hatte! Hätte er
gewusst, dass ich mir ein Leben
außerhalb von Frankreich, jenseits der
Grenzen vorstellte! Ich wusste, früher
oder später würde ich von hier
weggehen!

Als wir an der Uni angekommen
waren, schämte ich mich, meinen Vater
meinen Freunden vorzustellen und hielt
Abstand zu ihm. Er gab mir zum
Abschied einen Kuss und das war das
letzte Mal, dass ich ihn sah - zumindest
fast. Mit der Zeit entwickelte ich einen
regelrechten Hass auf ihn. Ich erinnere
mich oft daran, dass ich damals vor mich
hinsagte: « Wenn er vor meinen Augen
sterben würde, würde ich ihn verrecken
lassen - ich würde sogar noch mit dem

Auto drüber fahren. »

Viele Jahre wünschte ich mir, dass ihm seine Rechte als Vater entzogen würden. Ich habe mich sogar deswegen erkundigt und war ziemlich wütend, als ich erfuhr, dass das so gut wie aussichtslos ist.

Im Mai 1985 wurde die kleine Sandrine an einem sonnigen Tag getauft. Während der Tauffeier kam es zu einem großen Streit zwischen *ihr* und der Ehefrau ihres Geliebten. Seine Frau hatte mitbekommen, dass ihr Mann eine Beziehung mit *ihr* hatte und dass das Kind möglicherweise die Frucht dieser Verbindung war.

Am 15. Mai 1985 ging ich an einem kühlen Morgen zur Uni, um meine Prüfung in Zivilrecht abzulegen. Als ich wieder zu Hause war, wollte ich *sie* anrufen und fragen, wie es der Kleinen geht und ob ich bei ihr vorbeischauen kann. *Sie* war am Telefon völlig in Tränen aufgelöst, brachte kein

Wort heraus. Ihr Freund übernahm den Hörer und teilte mir mit, dass Sandrine gestorben ist. Sie starb am plötzlichen Kindstod. Am nächsten Tag, während einer Prüfung in Zivilrecht, konnte mich nicht mehr beherrschen und weinte. Sandrine lebte 54 Tage. Am Tag meiner mündlichen Prüfungen wurde sie begraben.

Die vergangenen Monate waren sehr aufwühlend.

Als am 29. Juni meine Examensnoten bekannt gegeben wurden, fehlten mir 1,25 Punkte in dieser Prüfung, deshalb war ich durchgefallen. Weinend kam ich nach Hause und erinnere mich an die Reaktion meiner Mutter, die mich wirklich schockierte. Mama war nie sehr aufmerksam in solchen Dingen gewesen. Aber an diesem Tag nahm sie mich in den Arm und küsste mich im ganzen Gesicht. Mich hat das, mit meinen 20 Jahren, zutiefst verstört, weil sie so etwas noch nie gemacht hatte. Ich weiß, Mama hat sich nichts dabei gedacht, ich aber fand es abstoßend.

Ich musste meine Prüfungen wiederholen. Vorher fuhr ich nach Spanien. Ich wollte meine Batterien aufzuladen, um für die Nachprüfungen im September in Form zu sein. Ich war wild entschlossen, es diesmal zu schaffen, trotz des traurigen Todesfalls, der auf mir lastete.

In diesem Jahr 1985 fuhr ich mit meiner spanischen Freundin Montse in den Urlaub und verbrachte mit ihr und ihren Freundinnen eine wundervolle Zeit. Ich hatte in diesem Jahr eine Beziehung mit Steve, einem Chinesen, begonnen. Ich hatte ihn in einer Disco kennengelernt und wir waren danach zusammen. Er schien sehr verliebt in mich zu sein und fuhr so oft es ging an den Wochenenden zu mir.

Ich liebte ihn jedoch nicht. Darum beendete ich nach 4 Monaten diese Beziehung, die mir nichts gegeben hatte, außer vielleicht, dass ich mein Englisch verbessert hatte. Denn er war Hong Kong-Chinese und sprach gut Englisch.

Ich dachte oft daran, aus dem Leben zu scheiden.

Ich dachte oft daran, die Tür meines Zimmers fest abzuschließen und die Tabletten zu schlucken, die ich dort deponiert hatte. Dann dachte ich aber auch an alle, die ich unglücklich machen würde. So zog ich es vor, allein in meinem Zimmer zu weinen und meine Gedanken an den Suizid zu Papier zu bringen. Was für ein Dilemma ! Ein Vater, der uns verlassen hatte. Ein permanentes Gefühl des Verlassenseins. Ich gestatte mir nicht, zu lieben - auch nicht diejenigen, die ich liebte.

Ich war, so schien es, sehr hübsch. Trotzdem konnte ich mich nicht ausstehen, fand mich furchtbar hässlich. Wie soll man solch eine psychische Gewalt nur überleben?

Ich verdanke es meinen Freunden, dass ich den Wunsch zu Leben trotz allem nie verloren habe. Im September habe ich die Nachprüfungen abgelegt und bestanden. Mein zweites Studienjahr begann.

Verlassen

1986

Mein « DEUG » und mein Führerschein

Seit einem Jahr hatte ich meinen Vater nicht mehr gesehen. Mit *ihr* stand ich allerdings wieder in Kontakt. Das machte das Leben nicht gerade einfacher, ganz im Gegenteil. Nach dem Tod ihrer kleinen Tochter befand *sie* sich mitten in einer Depression. Der « Mann ihres Lebens », wie *sie* ihn nannte, unterstützte *sie* nach Kräften und liebte *sie* auf seine Art. Ich vermute, dass er Angst vor ihren gewalttätigen Ausbrüchen hatte und es deswegen nicht wagte, *sie* zu verlassen.

sie hatte meinen Führerschein bezahlt. Mit einem Auto und den damit verbundenen Kosten blieb mir als Studentin nur noch wenig Geld übrig. Dafür war ich nun viel mobiler und genoss die neue Freiheit, die mir das Autofahren bot. Kaum hatte ich meinen Führerschein in der Tasche, rief ich meine Freundin in Laval an und fragte sie, ob ich sie besuchen kann. Am nächsten Morgen fuhr ich los. Der Weg über die Nationalstraße dauerte 8 Stunden. Ich blieb eine Woche bei ihr und lernte den besten Freund ihres zukünftigen Mannes kennen. Er war nicht unbedingt hässlich, hatte schöne blaue Augen. Aber er hat mich nicht wirklich interessiert.

Einmal sind wir zu viert ausgegangen. Weil ich allein war, verbrachte ich den Abend an ihn geschmiegt in seinen Armen.

Ich wusste zu diesem Zeitpunkt

nicht, dass er noch nie eine Freundin gehabt hatte.

Und er hatte keine Ahnung, dass ich eigentlich nichts für ihn empfand, dass ich mich nur ein bisschen amüsieren wollte, ohne dass mehr daraus werden sollte.

Nach Hause zurückgekehrt beendete ich sofort diese « Pseudo-Beziehung », von der er annahm, sie sei echt.

Das nahm er sehr schlecht auf. Er rief mich an, weinte, bat mich, bei ihm zu bleiben und drohte sogar damit, mit seinem Auto gegen die Wand zu rasen. Es viel ihm sehr schwer, sich von der Trennung wieder zu erholen. Mir war es ehrlich gesagt egal.

Der Besuch bei meiner Freundin brachte sie und mich wieder enger zusammen und ein paar Monate später kam sie mich in Valenciennes besuchen. Ich liebte mein Auto.

Es war der Beweis, dass ich einen großen Schritt vorangekommen war und mich weiterentwickelt hatte: ich löste mich von meiner Mutter, die keinen Führerschein hatte, und wurde viel unabhängiger.

Meine neue Unabhängigkeit erlaubte es mir aber auch, *sie* öfter zu besuchen. Mein Jahr wäre perfekt gewesen, wenn *sie* nicht erneut versucht hätte, sich umzubringen, denn seit dem Tod ihrer Kleinen wurde sie einfach nicht mehr schwanger.

Sie setzte alle Hebel in Bewegung, um ein Kind zu bekommen. *Sie* rief ihren Freund sogar im Büro an und verlangte, dass er nach Hause kommen soll, wenn die Tage günstig waren.

Und nach jeder Enttäuschung tröstete s*ie* sich mit Alkohol. Einmal war s*ie* noch betrunkener als sonst und fuhr mich im Auto zu meiner Mutter.

Sie setzte mich an der Ecke ab und fuhr dann weiter. Auf einmal hörte ich einen lauten Knall. Das war *sie*. *Sie* war mit ihrer kleinen zweijährigen Tochter im Wagen absichtlich gegen eine Wand gefahren. Ich sah, wie sie beide mit dem Krankenwagen ins Krankenhaus gebracht wurden. Ich muss wohl einen Schutzengel gehabt haben, der auf mich aufpasste. Leider ging es für meine Halbschwester nicht so gut aus: sie brach sich ein Bein und hatte eine offene Schädelfraktur.

Ich hatte genug. Ich musste aufhören, *sie* zu treffen. Ich griff zum Telefonhörer und sagte ihr: « Jetzt ist Schluss. Ich will nie mehr wieder etwas mit dir zu tun haben! » Das war das letzte Mal, dass ich Kontakt zu ihr hatte. Auf eine gewisse Weise war ich deswegen sogar etwas traurig.

Ein bisschen so wie beim

Stockholm-Syndrom, wo der Gefangene vom Entführer abhängig ist, weil er eine Bindung zu ihm aufgebaut hat. Vor allem war ich traurig wegen meines jüngsten Halbbruders, den ich sehr lieb hatte. Aber ich musste die Brücken zu *ihr* abbrechen, s*ie* musste aus meinem Leben verschwinden und das möglichst schnell und für immer.

Von da an ging es mir deutlich besser. Ich hatte sehr enge Freundinnen, Patricia und Catherine, und ich ging nach Spanien, um mir etwas Gutes zu tun. Ich wusste, ich würde nicht in Nordfrankreich bleiben, sondern mir ein Leben im Ausland aufbauen.

Dazu musste einen Weg finden, um meine Leiden zu heilen. Und mein « Heilmittel » waren die Worte. Ich schrieb oft. Aus dieser Zeit besitze ich noch viele schöne Schriftstücke und Gedichte. 1986 geschah etwas wunderbares.

Wir hatten Mama dazu überredet, mit ihren Kollegen zu einem Tanzabend zu gehen.

Da Mama nach einer sechsjährigen Beziehung schon eine Weile wieder allein war, dachte ich, dass ihr das gut tun würde. Und an diesem Abend lernte sie ihn kennen. Er wurde ihr Lebensgefährte und ist einer der Menschen, die ich am meisten auf der Welt schätze. Er sah gut aus und war seit 5 Jahren verwitwet. Ich fand ihn auf Anhieb sympathisch. Meine Brüder brauchten etwas länger und meine Schwester hatte anfänglich sogar etwas Angst vor ihm.

Er arbeitete als leitender Angestellter in einer Fabrik, war sehr freundlich und schien sich aufrichtig für meine Mutter zu interessieren. Sie war sofort seinem Charme erlegen, und von da an änderte sich ihr Leben grundlegend. Kurz vor den Semesterferien, zum Ende meines zweiten Studienjahrs, legte ich meine

Prüfungen an der Uni ab. Ich bestand gerade noch so, aber wenigstens blieb mir die Nachprüfung im September erspart. Das Jahr lief gut. Mama hatte einen netten Mann kennengelernt, der vor allem auch ungebunden war. Mit ihm verband sie schnell eine perfekte Liebesgeschichte.

Schon bald beschlossen sie, zusammen mit uns in den Urlaub nach « Les Landes » zu fahren - auch um zu sehen, wie gut wir alle miteinander klar kommen.

Ich glaube, das war das erste Mal, dass ich mich ausgeglichen und heiter fühlte.

Ich hatte jeden Kontakt zu meinem Vater und zu *ihr* abgebrochen und verbrachte die Ferien mit dem neuen Lebensgefährten meine Mutter, der quasi unser Ersatzvater wurde. Im diesem Urlaub brachte er mir das Schwimmen bei.

Mein Vater hatte mich nie unterrichtet und meine Mutter war Nichtschwimmerin.

1975 hatte ich schon einmal an einem Schwimmkurs teilgenommen. Ein einziges Mal war mein Vater mitgekommen, um zu sehen, wie gut ich schwimme. Der Bademeister hatte mich ohne lange zu überlegen ins 3,80 Meter tiefe Becken gestoßen, damit ich Tauchen lernte. Ich begann zu weinen und mein Vater machte sich darüber lustig. Seitdem bin ich nie mehr wieder in ein so tiefes Schwimmbecken gegangen.

Wir lebten für drei Wochen in einem Bungalow. In diesen Ferien machte ich keine großen Bekanntschaften. Aber mir sind die tollen Farben und der Geruch der Kiefern dieser Region noch in bester Erinnerung. Wir unternahmen Ausflüge nach Biarritz und nach Hossegor.

Der neue Freund meiner Mutter wurde mir immer sympathischer. Er war lustig, respektvoll zu Mama und mutig genug, sich mit so quirligen Kindern zu umgeben wie uns.

Meinem großen Bruder fiel es dennoch sehr schwer, ihn zu akzeptieren. Aber nach unserer Rückkehr aus den Urlaub war offensichtlich, dass er seine « Aufnahmeprüfung » in unserer Familie bravurös « bestanden » hatte.

Ein paar Tage später erfuhr ich von dem Tod meiner Großmutter väterlicherseits. Sie hatte seit einigen Jahren an Alzheimer gelitten. Bei einem Unfall auf der Straße wurde sie verletzt und ins Krankenhaus eingeliefert. Dort starb sie an ihren Verletzungen im Alter von 70 Jahren.

1987

Catherine und Estelle

Seit der Abschlussklasse im Lycée war ich mit Catherine, einem sehr sympathischen Mädchen, befreundet. Wir standen uns sehr nah und sprachen miteinander auch über unsere negativen Erfahrungen in der Liebe und in der Schule.

Sie wollte an der Universität Spanisch studieren und plante, später auch in Spanien zu leben. Catherine stamme aus einer intakten, stabilen Familie, hatte aber einen ziemlich autoritären Vater. Sie besaß wenig Selbstvertrauen.

Auch wenn Sie eine fröhliche und

heitere Person war, träumte sie davon, ihr jetziges Leben hinter sich zu lassen und zu neuen Horizonten aufzubrechen. Ich war sehr erstaunt, dass sie sich in ihrer Haut noch schlechter fühlte als ich. Wie dem auch sei. Es lag ein tolles Jahr vor mir: meine Freundin Estelle wollte heiraten und ich würde als Trauzeugin zu ihrer Hochzeit nach Laval fahren. Dort würde ich auch « diesen Jungen » wiedertreffen, denn er war der Trauzeuge ihres zukünftigen Ehemanns Philippe. Ich versicherte Estelle aber, dass das für mich kein Problem sei.

Die Hochzeit sollte Anfang Juli stattfinden: nach einem Monat Regen war der große Tag endlich gekommen und die Sonne strahlte. Mama fuhr mit ihrem neuen Lebensgefährten in die Bretagne und setzte mich auf dem Weg dorthin in Laval bei Estelle ab. Dort sollte ich einige Tage bleiben und nach der Hochzeit mit ihrer Tante nach Paris

weiterreisen. Nach einem Tag in Paris würde ich dann die Heimreise nach Valenciennes antreten. Zu Hause wollte ich Catherine treffen und mit ihr gemeinsam nach Rosas in Spanien fahren. Wir freuten uns beide sehr auf unsere Reise in dieses zauberhafte Land und waren froh, dort gratis wohnen zu können.

Die Hochzeit von Estelle war sehr schön. Am Abend saß ich am Ehrentisch und wurde sogar gebeten ein paar von meinen Politiker-Imitationen aufzuführen, die ich damals so gerne machte. Eigentlich war ich viel zu schüchtern für sowas, direkt vor dem Publikum. Aber es schien den Gästen zu gefallen. Am nächsten Tage fuhr ich dann mit ihrem Onkel und ihrer Tante nach Paris. Sie hatten eine Wohnung in der Nähe des Eiffelturms. Das war das erste Mal, dass ich in Paris war. Ich erinnere mich genau, wie mir ihre Tante die Stadt zeigte. Meine Eltern hingegen waren nie gereist und hatten unsere Region nur sehr selten verlassen. Am nächsten Morgen ging ich mit Estelles Tante in der Stadt essen. Anschließend setzte sie mich in den Zug nach Valenciennes. Ich war allein zu Hause. Mein großer Bruder leistete seinen Wehrdienst in der Armee ab, mein kleiner Bruder machte eine Hotel-Ausbildung in Südfrankreich und meine Mutter, ihr Freund und meine kleine Schwester verbrachten den ganzen Monat in der Bretagne.

Am nächsten Morgen fuhren Catherine und ich früh am Morgen mit dem Bus von Valenciennes nach Girona. Dort mieteten wir ein Auto, um damit direkt nach Rosas zu gelangen. Rosas ist ein hübscher kleiner Badeort an der Costa Brava, wo viele Franzosen ihren Urlaub verbringen. Wir wohnten in dem großen Appartement von Catherines

Onkel und ich verbrachte dort den schönsten Urlaub meines Lebens.

Hätte ich nur gewusst, welche völlig unerwarteten Konsequenzen dieser Urlaub haben würde! Nach unserer Ankunft in Girona hatten wir unseren Mietwagen, einen Opel Corsa, direkt bei der Autovermittlung abgeholt. Catherine fuhr den Wagen bis nach Rosas. Der Himmel war strahlend blau. Die Wohnung in Rosas war einfach wunderbar, sehr geräumig, und bot einen tollen Blick aufs Meer. Catherine und ich hatten das Vordiplom (DEUG) geschafft. Beide standen wir an einem Scheideweg. Sie wusste nicht, welche Richtung sie einschlagen sollte und mir war klar geworden, dass das Jura-Studium nicht meine Sache war. Jura war zu « bodenständig » und bot mir nicht die Möglichkeit zu Reisen – meiner großen Leidenschaft. Darum suchte ich nach einem Ausweg und fand ihn: der

Spanienurlaub bei meiner Freundin Catherine.

Wir hatten uns vorgenommen, unsere jeweiligen Freunde zu treffen. Sie wollte ihre Verwandten aus Nîmes bei deren Durchreise in Rosas wiedersehen und ich wollte meine spanische Freundin Montse zu uns einladen. Ich plante auch, meinen spanischen Freund Pere zu treffen.

Mit Montse hatte ich abgemacht, dass sie uns an einem langen Wochenende in Rosas besuchen kommt. Sie brachte ihre Freundin mit. Wir sind viel umhergezogen, haben zusammen gekocht und sehr viel miteinander gelacht. Da Catherine sehr gut Spanisch sprach, gab es keinerlei Verständigungsprobleme. Wir unternahmen mit dem Auto viele Ausflüge: unter anderem nach Figueres, Girona und Barcelona. Die Fahrt nach Barcelona war denkwürdig, denn Catherine, die den Wagen fuhr und keine sichere Fahrerin war, bekam in der

Stadt die Panik. Wir hörten gerade
≪ It's a sin ≫ von den Pet Shop Boys im
Radio - und jedes Mal, wenn ich dieses
Lied höre, muss ich wieder daran
denken.

Catherine und ich hatten uns
entschlossen, am Sonntag Montse und
ihre Eltern bei uns zum Essen
einzuladen. Ich hatte ein Bœuf
Bourguignon mit geschnürten grünen
Bohnen zubereitet. Als Vorspeise gab es
gefüllte Tomaten. Ich erinnere mich an
Catherines schallendes Gelächter, als
Montses Vater mit dem Kopf gegen die
gläserne Terrassentür lief. Klar, das war
für ihren Vater keine angenehme Sache,
aber wir konnten uns einfach nicht
zurückhalten und lachten laut los -
obwohl wir beim Kochen waren.

Ein Wochenende danach kamen
Catherines Onkels und Tanten nebst
Anhang zu Besuch. Sie wohnten bei uns
in diesem wunderschönen Apartment.

Es war komfortabel, modern, gut ausgestattet, hatte drei große Zimmer und bot viele Übernachtungs-möglichkeiten.

Wir hatten uns entschlossen, auf unseren Ausflug nach Andorra zu verzichten, da der Leihwagen eine Panne hatte. Wir mussten auf einen anderen Wagen umsteigen. Er war zwar größer, aber auf dem kleinen Parkplatz, der zum Apartment gehörte, viel schwieriger zu parken - ganz zu schweigen von den engen Straßen in den Bergen. Endlich hatte ich Peres Eltern am Telefon erreicht. Sie freuten sich sehr, mich bald wiederzusehen und ich freute mich ebenfalls, sie zu treffen und ihnen meine Freundin vorzustellen. Ich war nur ein kleines bisschen enttäuscht, dass Pere nicht mit dabei sein konnte.

An einem Nachmittag fuhren wir dann zu ihnen nach Olot. Sie empfingen uns herzlich und erzählten viele Geschichten

von den Reisen, die sie unternommen
hatten. Sie sprachen auch viel über ihren
Sohn und die schönen Erinnerungen an
Weihnachten 1982, das ich bei ihnen
verbracht hatte. Das war mittlerweile
fast 6 Jahre her. Wie schnell doch die
Zeit vergeht! Nach den vielen
Erinnerungen, die wir austauschten, und
den unzähligen Fotos, die Peres Eltern
uns von ihrem Sohn zeigten, wusste
Catherine etwas besser über mich und
mein Leben Bescheid. Abends fragte sie
mich: « Sag mal, bist du vielleicht noch
in ihn verliebt? Es sieht so aus, als
würde er dir noch etwas bedeuten. »
Sie hatte mich durchschaut. Die
wunderbaren Ferien gingen zu Ende.
Geblieben sind mir unvergessliche
Erinnerungen an eine Zeit, in der es mir
wirklich gut ging und ich auf der Suche
nach einer wahrhaftigen Liebe war. Ich
fühlte, dass ich bereit war, etwas Neues
zu erleben - und natürlich liebte ich

Spanien. Alle meine Freundinnen hatten ihr Vordiplom auf Anhieb bestanden und ich bereitete mich darauf vor, das Jura-Studium in Lille fortzusetzen, wo ich internationales Recht studieren würde. Ich hatte aber nicht vor, eine Juristen-Laufbahn einzuschlagen. In Stadtzentrum von Lille fand ich eine kleine Studentenwohnung und glaubte, mich dadurch endgültig von meinem alten zu Hause getrennt zu haben. Ich liebte diese Stadt und auch die Uni war sehr angenehm. Ich machte dort viele interessante Bekanntschaften. Die Jurakurse hingegen waren wenig spannend, aber ich wusste, dass es mein letztes Jahr an der Uni sein würde: das war mir mittlerweile klar geworden. Ich zählte auch nicht mehr auf Mamas Unterstützung, denn sie war dazu einfach nicht in der Lage. Und da ich damals sehr unter dem Fehlen meines Vaters litt, sagte ich mir,

dass es nur gut für mich sein könne, wenn ich Valenciennes verließe und nach Lille studieren ginge. Denn in Valenciennes fehlte mir die Luft zum Atmen.

1988

Jahr der Trennungen

Die Distanz zu meiner Mutter hatte sich stark vergrößert. Dafür gab es mehrere Gründe. Wir konnten uns, wenn überhaupt, nur an den Wochenenden sehen. Dann ging ich aber die meiste Zeit mit meiner Freundin Catherine aus. Manchmal, besonders am Ende des Semesters, blieb ich gleich ganz in Lille, um mich auf Prüfungen vorzubereiten oder an Weiterbildungen teilzunehmen. Das Jahr 1988 hatte gut begonnen. Kurz vor dem Valentinstag bekam ich einen sehr lieben Brief von Pere, in dem er mir erneut seine Gefühle für mich gestand. Er schrieb, dass er mich nach 6 Jahren immer noch liebe. Das war das Besondere, Magische unserer « Beziehung ». Er wollte mich bei sich haben und konnte es kaum erwarten, mich wiederzusehen.

Mehrere Briefe gingen hin und her. Dann entschloss ich mich, ihn im Oktober in Girona zu besuchen. Ich verkaufte mein Auto, kaufte mir davon ein Busticket und reservierte ein Zimmer in einem kleinen, einfachen Hotel, das in der Altstadt von Girona lag. Samstag und Sonntag wollte ich bei seinen Eltern und anschließend drei Tage lang im Hotel übernachten.

Am Morgen meiner Ankunft bat er mich, direkt zu ihm ins Büro zu kommen. Von dort wollten wir zu seiner WG-Wohnung fahren, damit ich mich etwas frisch machen konnte. Als ich sah, wie die Treppe von seinem Büro herunterkam, war ich sehr angenehm von seiner Erscheinung überrascht.

Ich hatte ihn immer nur als Jungen gekannt und jetzt war er ein schöner junger Mann geworden. Sein Anblick verzauberte mich. Am Abend holte er mich mit dem Wagen ab und wir fuhren gemeinsam in seine Heimatstadt. Dort warteten seine Eltern, die ich zuletzt im Vorjahr getroffen hatte, auf uns. Für jemanden, der tiefe Gefühle für mich empfindet, war er allerdings sehr distanziert. Auch am Abend, als wir zusammen mit seinen Freunden weggingen, blieb er kühl und beachtete mich kaum. Am nächsten Abend ließ er mich wieder links liegen. Er unterhielt sich mit seinen Freunden nicht auf Spanisch, so dass ich ihren Unterhaltungen nicht folgen und nicht daran teilnehmen konnte. Da wurde ich wütend und rief: « Könntest du dich vielleicht mal etwas anstrengen und Spanisch mit mir sprechen? Ich versuche mit dir zu reden und von dir kommt keine Antwort. Was ist los? » Er senkte den Kopf und blieb stumm. «Und außerdem, du redest von Gefühlen, schickst mir eine Karte aus Ägypten, machst mir schöne Komplimente, behauptest glücklich zu sein mich wiederzusehen - und jetzt ignorierst du mich? Schau mir in die Augen und sag endlich, was mit dir los ist! » Da antwortete er mir, dass er bei meiner Ankunft enttäuscht gewesen war und dass er sich seiner Gefühle für mich nicht mehr sicher sei. Im Gegenteil, er sei nicht in der Lage zu sagen, ob er überhaupt noch etwas empfinde. Das war für mich wie eine kalte Dusche und vor allem eine furchtbare Enttäuschung. Ich fragte mich, warum es nicht möglich war, dass mich jemand liebt. Was war so schlecht an mir, dass es die Männer von mir wegstieß? Ich wusste schon, dass das Problem bei mir lag. Das Bild, das ich von den Männern hatte, war zu

negativ. Wie sollte ich nur jemanden lieben und von anderen geliebt werden? Einige Zeit später sagte er mir noch, dass ich einen zu starken Charakter habe, zu stark für ihn. Bei der Kindheit und Jugendzeit, die ich gehabt hatte, war es doch nicht verwunderlich, dass ich so taff, so hart geworden war. Ich musste schon sehr früh um meinen Platz im Leben kämpfen. Er hatte eine sorgenlose Kindheit gehabt. Das Ganze war bestimmt nicht seine Schuld. Nach dem Wochenende bei seinen Eltern und unserer Aussprache, wollte ich nur noch eines: nach Hause zurückfahren und mit den Männern nichts mehr zu tun haben. Ich sagte ihm, dass ich am liebsten den Bus nehmen und so schnell es geht nach Hause wolle. Er schien überrascht und bat mich, noch da zu bleiben, damit wir uns über unsere Gefühle klar werden könnten. Zuerst wollte ich am Donnerstagabend zurückfahren, änderte aber dann die Abfahrt auf Mittwoch, ohne ihm Bescheid zu geben. Die folgenden drei Abende mit ihm waren super, auch wenn ich darunter litt, dass er mir nur Freundschaft entgegen brachte. Wenigstens war ich mit ihm zusammen. Nur das zählte.

Ich glaube, dass er damals einfach noch zu unreif war, um sich über seine Gefühle im Klaren zu sein. Er hatte mir aus Ägypten einen hübschen silbernen Anhänger mitgebracht, den ich seitdem immer trug. Unser « Verhältnis » hatte sich in den letzten Tagen zwar etwas verbessert, aber ich litt dennoch unter der Distanz zwischen uns. Als er Pläne für Donnerstag schmiedete, sagte ich ihm, dass ich nicht länger bei ihm bleiben könne. Denn er wusste immer noch nicht, was ihn eigentlich an mich band (oder eben auch nicht). Ich wollte

ihm mehr Zeit geben, um darüber nachzudenken. Am Donnerstagabend war der Moment des Abschieds gekommen. Ich küsste ihn und er zog mich fest an sich, wollte mich nicht mehr loslassen. Ich fühlte mich wohl dabei, war aber auch äußerst überrascht von seinem plötzlichen Sinneswandel, denn ich verstand nicht, warum. Am liebsten hätte ich ihn noch einmal geküsst, ließ es aber nicht geschehen. Ich sagte:

« Denkst du darüber nach, was du für mich empfindest? » Er nickte und so stieg ich in den Bus. Auf meine Frage erhielt ich nie eine Antwort. Ein paar Jahre später erfuhr ich von Montse, dass er geheiratet hatte, eine Tochter hatte, immer noch in Girona lebte und dass sein Vater zwischenzeitlich verstorben war. Ich kehrte verzweifelt nach Hause zurück und war gekränkt, auf so eine Art abgewiesen worden zu sein. Finanziell war ich « ruiniert », ich stand ohne Auto da. Die Typen waren wirklich alle wie mein Vater: ganz schöne Mistkerle. Die Freunde, die ich nach ihm hatte, erwiesen sich als große Reinfälle. Aber ich hatte mich entschlossen, sie dafür leiden zu lassen. Pech für sie. Ich wollte meine Rache und sie würden bezahlen. Abgesehen von meinen Enttäuschungen in der Liebe gefiel mir die Zeit an der Uni sehr gut. Leider konnte ich mit dem Stoff nicht viel anfangen und legte darum die Abschlussprüfungen nicht ab. Mir wurde klar, dass ich einen anderen Weg einschlagen musste. Ich entschied mich, meinen lang gehegten Wunsch Wirklichkeit werden zu lassen. Ich wollte auf die Schule für Touristik, Tunon, gehen. Diese Schule hatte einen ausgezeichneten internationalen Ruf, war aber auch sehr teuer. Im September 1988 begann ich dort mein erstes Jahr und war überzeugt, an dieser Schule eine gute Zeit zu verbringen. Um das alles zu

finanzieren, musste einen größeren Kredit aufnehmen. Da Tunon aber ihre Schüler nach der Ausbildung vermittelt, rechnete ich damit, meinen Kredit recht schnell zurückzahlen zu können.

Sehr viele Schüler dieser angesehenen Schule stammten, entgegen meiner ursprünglichen Annahme, aus bescheidenen sozialen Verhältnissen - so wie ich. In der neuen Klasse fand ich sehr schnell neue Freunde, darunter Sophie und Catherine. Auch sie waren beide ohne Vater aufgewachsen, was meine Bindung zu ihnen verstärkte. Mir wurde klar, dass ich nicht allein mit meinem Schicksal war, dass es noch mehr Menschen gab, die wie ich waren. Ich wollte dieses Land verlassen und die Touristik-Schule würde mir die Chance bieten, das auch zu tun. Mein erstes Jahr bei Tunon war einfach unvergesslich: ich hatte die Möglichkeit, viele Praktika zu machen, darunter eines, das mehrere Monate dauerte.

Die meisten Praktikanten entschieden sich für inländische Reiseagenturen oder Fluggesellschaften. Ich hingegen wollte mein Praktikum in der Hotellerie absolvieren und zwar im Ausland. Meine Entscheidung fiel auf Spanien, während meine Freundin Sophie nach Italien gehen wollte.

1989

Meine Erfahrungen im Ausland

Die Schule hatte mir ein Praktikum in einem Vier-Sterne-Hotel in Barcelona vermittelt. Meine Schulfreundin Sophie sprach schon sehr gut italienisch und wollte darum nach Italien gehen. Sie fand einen Platz in einem Hotel in Genua.

Ich war sehr glücklich, nach Barcelona zu gehen, hatte nun aber das Problem, für ein paar Monate eine Bleibe finden zu müssen. Mama konnte mir nicht unter die Arme greifen und mir die Miete für ein Zimmer bezahlen. Und ich musste meinen Ausbildungskredit zurückzahlen. Darum suchte ich nach einer Unterbringung, wo ich statt einer

Miete als Gegenleistung im Haushalt mithelfen konnte und wo ich tagsüber Zeit hätte, um mein Praktikum zu absolvieren. Ich hatte die Idee, einen Job als Au-Pair-Mädchen anzunehmen. Meine Bewerbung in einer spanischen Au-Pair-Agentur wurde sofort akzeptiert.

Leider konnte mich die Agentur nicht direkt von Frankreich aus vermitteln. Ich sollte erst nach Barcelona kommen und mich dann dort an sie wenden. So nahm ich den Bus nach Spanien. An einem Sonntagmorgen kam ich an. An der Haltestelle wartete Pablo, der Empfangschef des Hotels, auf mich. Er sollte sich während des Praktikums um mich kümmern und meine Einsätze in den verschiedenen Abteilungen organisieren. Pablo bot mir an, dass ich wenigstens in der ersten Nacht im Hotel übernachten könne. Mehr war allerdings nicht möglich.

Ich ging gern auf sein Angebot ein.

Am nächsten Morgen ging ich früh zur Au-Pair-Agentur. Angesichts meiner Notlage versprachen sie mir, so schnell wie möglich eine Gastfamilie zu finden, wo ich während der gesamten Praktikumszeit wohnen konnte. Schließlich bot sich eine Familie mit einem 12jährigen Kind an mich aufzunehmen. Sie wohnten in Sabadell, einem Ort gleich neben Barcelona.

Toni, der Vater, war ein bekannter Geschäftsmann. Seine Lebensgefährtin hieß Emma und arbeitete bei ihm. Sie hatten keine gemeinsamen Kinder. Toni war geschieden und sein jüngster Sohn Dani lebte bei ihm. Der älteste Sohn hingegen war bei seiner Mutter geblieben. Ich war überglücklich, dass diese Familie mich aufgenommen hatte. Sie hatten mich mit offenen Armen empfangen.

Sein 12jähriger Sohn, um den ich mich kümmern sollte, war sehr anhänglich. Er hatte ebenfalls unter der Trennung seiner Eltern gelitten, was die Erinnerung an meine eigene Geschichte wieder hoch brachte. Sehr schnell entstand zu ihm, Toni und Emma eine enge Beziehung. Mit Toni verband mich, dass auch er unter seiner Scheidung litt und Verletzungen davon getragen hatte. Wir unterhielten uns sehr oft darüber.
Emma war erheblich jünger als Toni und genauso offen. Er war für mich so was wie ein Vater.

Morgens ging ich zu meinem Praktikum und am Nachmittag kümmerte ich mich um den « kleinen » Dani. Im Hotel auf der Arbeit fühlte ich mich sehr wohl. Alle, das gesamte Personal, waren sehr nett zu mir. Ich glaube, sie freuten sich sehr, eine Französin bei sich zu haben. Immer war jemand für mich da. Die erste Zeit verbrachte ich in der

Marketing-Abteilung. Danach kamen die Finanz-Abteilung und zuletzt die Rezeption. Mittags aß ich mit meinen Kollegen in der hoteleigenen Kantine. Das war sehr lustig. Es machte einen Riesenspaß, mit ihnen zusammenzuarbeiten.

An den freien Nachmittagen und am Wochenende schrieb ich an meinem Praktikumsbericht. Toni korrigierte die spanische Version, die ich Pablo am Ende übergab.

Mein Aufenthalt in Spanien war die glücklichste Zeit während meiner Ausbildung. Ich hatte meinen Weg gefunden und war in dem Land meiner Träume. Meine spanische Freundin Montse besuchte mich mehrere Male in Barcelona und ich stellte sie den Kollegen im Hotel vor.

Ich fühlte mich gut und wollte (nach einem kurzen Abstecher nach Frankreich) schon bald wieder nach

Spanien zurückkommen. Dieses Land schein nur auf mich zu warten!

So kehrte ich für einige Wochen nach Lille zurück, um dort meine Abschlussprüfung abzulegen. Als ich die Ergebnisse bekam und endlich meinen Abschluss in der Tasche hatte, packte ich einen großen Koffer und fuhr wieder zurück nach Spanien. Am liebsten wäre ich nie mehr nach Frankreich zurückgekehrt. Ich erinnere mich noch an die Tränen, die Toni, Emma und ich vergossen, als sie mich in Barcelona zur Bushaltestelle begleiteten. Auf der nächtlichen Rückfahrt nach Hause weinte ich viel im Stillen. Ich hatte eine zweite Familie gefunden, viel besser noch: Freunde!

Das Jahr an der Tourismusschule Tunon - und damit meine Ausbildung – endete mit meinem ersten Fallschirmsprung.

Danach ging jeder seines Wegs und die Schüler verloren sich bald aus den Augen. Ich hielt noch länger Kontakt zu Sophie, aber der brach schließlich auch ab, nachdem ich sie 1997 in Genua besucht hatte. Sie hatte sich damals gerade von ihrem Mann getrennt und machte eine schwere Zeit durch, in der sie versuchte, alles zu verarbeiten.

Mit meinem Abschluss in der Tasche kehrte ich für ein paar Monate zu Toni und Emma nach Spanien zurück. Ich half ihnen bei der Gründung einer Au-Pair-Agentur, die sich in den kommenden Jahren ausgesprochen gut entwickelte. Da ich jedoch nicht mehr bei Ihnen wohnen konnte und auch keine andere passende Bleibe fand, entschloss ich mich, nach Frankreich zurückzukehren.

Um mein Englisch zu verbessern, wollte ich anschließend nach Großbritannien gehen. Ich schickte meine Bewerbung an eine Arbeitsvermittlungs-Agentur, die mir eine Stelle für 9 Monate als Rezeptionistin in einem walisischen Drei-Sterne-Hotel in Llandudno anbot. Ich kannte die Gegend noch nicht und freute mich sehr darüber. Meine erste Reise nach Wales ist mir noch gut in Erinnerung: die Fachwerkhäuser waren großartig, die Landschaft einfach überwältigend. Abends traf ich im Hotel ein und wurde von der Rezeptionistin, die schon auf mich wartete, herzlich in Empfang genommen.

In der ersten Nacht teilte ich mir ein Zimmer mit einer Praktikantin. Und schon am nächsten Morgen begann meine Arbeit an der Rezeption. Obwohl ich schon seit 10 Jahren Englischunterricht hatte, waren die ersten Wochen, besonders am Empfang, sehr schwierig. Die Waliser sind sehr offene Menschen, aber das Land schien

mir dennoch fremdartig. Ich hatte das Glück, mich mit einer anderen Französin, Catherine, die ebenfalls dort ein Praktikum absolvierte, anzufreunden. Wir hatten eine tolle Zeit zusammen. Schließlich kehrte sie in ihre Heimatstadt Le Mans zurück und wollte dort als Anwältin Karriere machen. Ich blieb danach noch lange mit Catherine in Kontakt und verlor sie erst aus den Augen, als sie wieder nach Großbritannien zog, um einen Engländer zu heiraten und als Anwältin für internationales Recht zu arbeiten.

Wir befanden uns im Jahr 1989, das Jahr, in dem die Berliner Mauer fiel. Ich fasste den Entschluss, nach Deutschland zu gehen, sobald mein Praktikum in Großbritannien beendet wäre.

Den ersten Teil, von November bis August, verbrachte ich in Wales. Dann ging es von September bis Oktober nach London. In London konnte ich zwischen zwei angesehenen Vier-Sterne-Hotels wählen. Eines hatte um die 50 Zimmer, das zweite ungefähr 830. Ich entschied mich für das größere von beiden und traf damit möglicherweise keine gute Entscheidung. Wer weiß? Wer hätte mich bei meiner Wahl unterstützen können? Meine innere Stimme ?

Nachdem Catherine aus Wales fortgegangen war, kam ich mehr mit den Einheimischen in Kontakt und freundete mich mit der Chefin der Buchhaltungsabteilung, Christine, an. Sie unternahm viele Ausflüge mit mir und zeigte mir das Land. Ich lernte auch Ron kennen, der im Hotel als Ingenieur in der Instandhaltung arbeitete, und seine Frau Jane. Sie luden mich oft zu sich nach Hause zum Essen ein und ich begann, Großbritannien wirklich kennenzulernen.

Zwei weitere Menschen wurden für mich wichtig: Don und Jon.

Jon hat meinen Aufenthalt sehr bereichert. Ich gab ihm dienstags abends Unterricht in Französisch und er nahm mich dafür sozusagen in seine Familie auf und lud mich zum Essen ein.

Er hatte ein sehr inniges Verhältnis zu seiner Frau und seine beiden Kinder waren bezaubernd. Sie waren sehr liebevoll zueinander und schätzten auch mich sehr. Sie wurden zu meiner Ersatzfamilie.

Als mich meine Freundin Patricia, mit der ich seit ein paar Jahren wieder Kontakt hatte, in Wales besuchen wollte, fragte ich Jon, ob sie bei ihm wohnen könne. Jon und Lynn habe ich bei einer besonderen Gelegenheit kennengelernt.

Die walisische Stadt Llandudno unterhielt eine sehr aktive Städtepartnerschaft mit der französischen Stadt Wormhout. Die Bürgermeisterin suchte einen Franzosen oder jemanden, der gut Französisch sprach, weil sie ein Treffen mit Wormhout organisieren wollte. Mein Chef fragte mich, ob ich nicht helfen und das Organisationskomitee nach Frankreich begleiten wolle.

Er wusste, dass das eine prima Werbung für ihn und sein Hotel war und gab mir auch ein paar extra Urlaubstage. So bekam ich die ehrenvolle Aufgabe, « meine » walisische Stadt zu repräsentieren und lernte dabei die Politprominenz beider Partnerstädte kennen.

Jon war Mitglied des Komitees und während unserer Reise nach Frankreich hatte ich die Ehre, ihn und seine Frau kennenzulernen. In dieser Zeit fühlte ich mich immer enger mit den Engländern verbunden, die mich so herzlich aufgenommen hatten.

Ich lernte viel über die englische Mentalität.

Während des Aufenthalts in Frankreich lernte ich Eric kennen. Er war Franzose und ebenfalls Mitglied des Komitees. Er war ein sehr sympathischer, süßer Typ und hatte sich ganz offensichtlich in mich verguckt. Ich empfand ihn als zu aufdringlich und versuchte, ihn auf Abstand zu halten. Das ging so weit, dass ich mich mit ihm sogar überwarf. Irgendetwas stimmte nicht mit mir: die, für die ich mich interessierte, wollten nichts von mir und wenn sich ein Junge mal für mich interessierte, dann wies ich ihn ab und hielt ihn von mir fern. Ich verbot mir zu lieben, suchte die unmögliche Liebe.

Das zweite Problem war, dass ich sehr große Selbstzweifel hatte und mich nicht geliebt fühlte. Das machte mich unzufrieden und unausgeglichen. Ich war bestimmt nicht hässlich, zog aber immer die Falschen an. Es ist hart, wenn man der Meinung ist, dass man niemals von jemandem geliebt werden wird.

Ich war überzeugt davon, dass ich alleine bleiben würde und dass ich mich mit Männern nur abgeben würde, um meine eigenen Ziele zu erreichen.

Einer meiner deutschen Freunde, den ich über eine gemeinsame Freundin kennengelernt hatte, kam mich in Wales besuchen. Er hatte schon eine Freundin und wir waren nur platonisch befreundet. Aber beim Abschied küsste er mich zärtlich und sagte mir, dass ich hübsch sei. Ich würde sicher den Richtigen finden, aber er habe nicht vor, seine Freundin zu verlassen, die er liebe.

War ich zu dieser Art von « Beziehung» verdammt oder wollte er mich nur schützen? War ihm klar, dass ich etwas anderes wollte als eine Beziehung für nur eine Nacht?

Ich glaube, ich machte den Männern mit meinem harten, starken Charakter Angst. Ich war viel zu hart!

Mein spanischer Freund hatte es mir immer und immer wieder gesagt. Es musste wohl so sein!

Don ist die zweite Person, die meine Zeit in Großbritannien maßgeblich beeinflusst hat. Er gab meinem Leben eine neue Wendung. Ich hatte auch ihn im Hotel kennengelernt, wo er verantwortlich für die Hotelausstattung war.

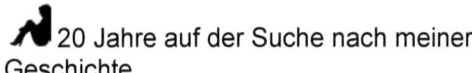

1990

Die Suche nach dem Vater

Don war wirklich nicht schön und 20 Jahre älter als ich. Er steckte gerade in einer Scheidung und hatte sich in mich verliebt. Er sagte mir das ganz offen und direkt. Niemals werde er mit wehtun und mich verletzen, er hätte zu viel Angst, dass ich zerbrechen könne.

Ich wirke auf ihn instabil. Er meinte, ich hätte ein verstörtes Wesen und wäre von der Suche nach dem Vater sehr belastet. Er, Vater einer gleichaltrigen Tochter, habe ebenfalls sehr unter der Scheidung seiner Eltern gelitten und könne mich gut verstehen.

Wir sprachen viele lange Abende über mein Leben und den fehlenden Vater, von dem ich seit Jahren nichts gehört hatte. Ich wusste, dass er keinen Kontakt zu uns suchte. Er war von der Bildfläche verschwunden, hatte keine Adresse hinterlassen. Auch über seine Eltern war er nicht mehr erreichbar, weil sie gestorben waren. Es war unmöglich zu erfahren, wo er lebte.

Eines Tages vertraute ich Don an, dass ich gerne verstehen würde, warum ich solche Schwierigkeiten mit der Liebe und in meinem Leben habe.

Ich sagte ihm: « Ich möchte gerne meinen Vater wiederfinden, aber ich weiß nicht wie. » Da hatte er eine großartige Idee: « Wende dich doch an die Heilsarmee! Die sind überall auf der Welt aktiv und suchen international nach Angehörigen, vor allem wenn sie obdachlos sind. Wenn du willst, kümmere ich mich für dich darum und

rufe bei der Heilarmee in Großbritannien an. Du gibst ihnen dann alle Daten, die du von deinem Vater hast. Mach' dir keine Sorgen, sie werden ihn finden. »

Ein paar Wochen später kontaktierte mich die Heilsarmee. Sie hatten die Spur meines Vaters in Nordfrankreich entdeckt. Er wanderte umher, hatte offensichtlich keinen festen Wohnsitz. Immer zur gleichen Zeit hing er in einem Café herum. Sie schlugen mir vor, einen Brief an dieses Café zu schicken und den Inhaber zu bitten, ihn meinem Vater direkt auszuhändigen.

In dem Brief schrieb ich nur, dass ich ihn gerne wiedersehen möchte und mit ihm über das « Warum » reden wolle.

Nach ein paar Wochen erhielt ich einen Brief von meinem Vater. Er öffnete sich nicht wirklich, sondern erzählte nur von sich und seinem neuen Leben. Er lebte mit einer neuen Frau zusammen.

Sie war viel jünger als er und körperlich behindert. Er habe so viele Jahre nur an sich gedacht und nun wolle er sich um andere kümmern. Diese Frau liebe ihn sehr und er empfinde ihr gegenüber eine große Zuneigung, suche mit ihr aber nicht die große Liebe. Er sprach von seinem kleinen Haus und bat mich, kurz zu erzählen, wie es bei mir so läuft. Sein Brief distanziert, ohne Gefühle. Unterschrieben war er mit « dein Vater J. »

Wie hätte ich seinen Vornamen vergessen können?

Ich war tief enttäuscht. Wie konnte er « dein » Vater schreiben, wo er doch schon seit langem nicht mehr zu mir gehörte? Bei einem einwöchigen Besuch bei meiner Mutter in Valenciennes sahen wir uns zufällig. Ich ging nicht zu ihm hin an diesem Tag. Ich hatte wohl zu viel Angst - oder war ich einfach nur genauso feige wie er? Ich weiß es nicht.

Aber auch er kam nicht zu mir herüber. Warum hatte ich diesen Schritt nicht gewagt?

Hätte das mein Leben verändert?

Keine Ahnung.

Seitdem bin ich ihm jedenfalls nicht mehr begegnet. Ich versuchte auch nicht, ihn wiederzusehen. Alle sagten mir, dass ich den ersten Schritt auf ihn zu machen solle, besonders dann, wenn ich Kinder haben würde. Aber ich wollte das nie. Für mich war er endgültig tot.

September 1990

Emotionale Enttäuschungen

Ich hatte mit meinem Vater endgültig abgeschlossen. Das galt auch für die Männer im Allgemeinen.

Im September 1990 zog ich nach London und lebte dort in einer WG zusammen mit Engländern, Deutschen, Dänen, Holländern und Iren. Ich arbeitete bis November im Tower Hotel, einem großen Londoner Hotel direkt neben der Tower Bridge.

An meinem ersten Arbeitstag lernte ich eine Gruppe von Ausländern kennen, die wie ich ein Praktikum absolvierten. Unter ihnen war ein junger, gut aussehender Grieche mit dunkelbrauner

Haut, der mich eindringlich beobachtete. Er war gerade aus Athen eingetroffen und sprach sehr gut Englisch

Wir haben uns sehr schnell angefreundet. Genau wie ich wurde er in verschiedenen Bereichen des Hotels eingesetzt, um alle Aufgaben eines Hoteliers kennenzulernen. In den Pausen kreuzten sich oft unsere Wege. Abends blieb ich nicht im Hotel, sondern fuhr nach *Stepney Green*.

Das ist der indische Stadtteil im Osten Londons. Dort befand sich mein vorübergehendes Zuhause in einem großen, stilvollen Gebäude. Ich teilte mir ein Zimmer mit Allison. Auf derselben Etage wohnten Michael, ein Deutscher aus Hamburg, und die äußerst amüsante Lene aus Dänemark. Zusammen haben wir allerhand angestellt. Eines Abends lud mich mein griechischer Kollege auf ein Glas ein. Ich nahm an, denn ich war allein. Ganz offensichtlich fühlte er sich,

weit entfernt von seiner Familie, etwas einsam. Und ich suchte nach etwas Zuneigung und einer Stütze. Das fand ich jedoch nicht bei ihm.

Er machte mich ganz offen und direkt an. Und weil er mit gut gefiel mit seiner braunen Haut und den schwarzen Augen, mich komischerweise an meinen spanischen Freund erinnerte, ging ich auf seine Avancen ein. Ich wollte in der großen englischen Hauptstadt nicht allein sein. Wir verbrachten die folgenden Tage zusammen und versuchten, uns besser kennenzulernen.

Ich fühlte mich nicht sehr wohl in meiner Haut und wollte eigentlich nur eines - das Land verlassen, weglaufen! Schon wieder. Als ich dann drei Wochen später mit ihm Schluss machte, weil ich für uns keine gemeinsame Zukunft sah, schien er nicht sonderlich betroffen zu sein. Das bestärkte mich in meiner Ansicht, dass er nur mit mir zusammen gewesen war, um nicht allein zu sein - wie auch ich auch zugegebener Maßen.

Ein paar Wochen später lernte ich Steven kennen. Er war Engländer, schön und elegant.

Er war nicht so mein Typ, aber als wir uns bei einer Abendveranstaltung kennenlernten, verguckte er sich gleich in mich.

Niemals sprach er über sich oder seine Familie. Ich fand das sehr geheimnisvoll. Noch nicht mal seinen Familiennamen kannte ich, wusste nur, dass er als Trader in einer englischen Bank arbeitete. Obwohl wir nach einem Monat immer noch zusammen waren, fasste ich dennoch den Entschluss, Großbritannien zu verlassen. Ich wollte Patricia, meine Freundin aus Kindertagen, wiedertreffen. Sie hatte mir angeboten, zu ihr nach Paris zu kommen, um dort eine Arbeit zu suchen. Aber schon nach zwei Wochen war mir klar,

dass ich nicht in Frankreich bleiben wollte.

Von meiner Zeit in London sind mir trotz allem wundervolle Erinnerungen geblieben - an eine faszinierende, geschäftige Hauptstadt voller Leben, an meine Unternehmungen mit meinen Freundinnen und an das Miteinander der verschiedensten Kulturen. Hier fühlte ich mich wohl. Nach einem kurzen Abstecher in mein altes Zuhause und einem Blitzbesuch von Steven in Frankreich, der sehr in mich verliebt schien, hörte ich dann nie wieder von ihm.

Wollte ich mir beweisen, dass ich in der Lage war, jemanden bei mir zu Hause zu dulden? War ich ihm gegenüber zu aufdringlich gewesen? War ich zu hart geworden, wie man mir immer wieder gesagt hatte? Oder hatte er einfach nur Angst bekommen? Ich habe es nie erfahren.

Nach einigen Bewerbungen bei französischen Firmen und einem Termin bei der ANPE, dem Arbeitsamt, der ziemlich deprimierend verlief, entschloss ich mich, als Au-Pair nach Deutschland zu gehen. Ich kannte dieses Land nicht und sprach auch die Sprache nicht.

Vor mir lag eine echte Herausforderung. Ich hatte einen Schlussstrich unter meine Vergangenheit gezogen und unter die Männer, denen ich bislang begegnet war. Ich wollte neu anfangen.

Am 22. Februar 1991, kam ich am Bahnhof in Frankfurt am Main an.

Verlassen

1991

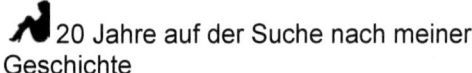

Die Begegnung meines Lebens

Mein Gastfamilie hatte schon viele Au-Pairs bei sich aufgenommen, darunter Marisa, eine junge Italienerin, die seitdem in Deutschland lebte und arbeitete.

Sie hatte mich in ihren Freundeskreis eingeführt. Weil ich kein Deutsch sprach, konnte ich den Unterhaltungen nicht folgen und blieb dabei eher außen vor. Aber in Deutschland habe ich mich sofort wohl gefühlt.

Alle ihre Freunde sprachen Englisch und versuchten auch etwas Deutsch mit mir zu reden, damit ich in die Sprache hineinfinden konnte. Ich belegte außerdem an der Volkshochschule einen Deutschkurs, um die Grundlagen der Sprache zu lernen. Ich war sehr motiviert und lernte schnell viele andere Schüler kennen, die wie ich gerade frisch nach Deutschland gekommen waren. Am 4. März 1991 hatte mich Marisa zum Kartenspielen eingeladen. Wir trafen uns bei einem ihrer Freunde. An diesem Tag machte ich die Bekanntschaft von Holger. Er war sympathisch, trug einen Bart, hatte eine Brille, braune Haare und blaue Augen. Er war nicht der Typ Mann, den ich bevorzuge. Er kam aber bald auf mich zu und sprach mich an. Seine Stimme wirkte dermaßen arrogant, dass ich ihn auf Anhieb verabscheute. Er hatte etwas gesagt, was ich absolut nicht hören wollte: « Wenn man hier lebt, muss man auch Deutsch sprechen. » Das war mir auch selbst klar. Ich strengte

mich zwar sehr an, ihm zu folgen, konnte aber zu wenig von seinem Gerede verstehen. Später sagte mir Marisa, dass ich ihm sofort gefallen hätte. Wir versuchten weiter, ins Gespräch zu kommen und wechselten ins Englische. Am Ende des Abends schlug er mir vor, mit seinen Freuden und ihm in der kommenden Woche etwas zu unternehmen. Damals wohnte ich bei meiner Au-Pair-Familie direkt in Frankfurt und er in einem kleinen Dorf im nördlichen Umland. In der Woche sind wir dann alle zusammen ausgegangen. Am 17. März fragte er mich, ob wir nicht zu zweit ins Kino gehen könnten. In letzter Zeit hatte ich zwar angefangen, ihn zu schätzen, hatte aber dennoch ein merkwürdiges Gefühl ihm gegenüber. Körperlich gesehen war er nicht mein Typ. Auf der anderen Seite besaß er einen einfühlsamen Charakter und war aufgeschlossen. Seine sanfte Art mit mir zu sprechen, gefiel mir.

Er wirkte vertrauensvoll. Am Abend nach den Kino küsste er mich zum ersten Mal und ich dachte: « Mit ihm möchte ich mein Leben verbringen! »

Wir haben uns Schritt für Schritt kennengelernt, sind durch viele Phasen hindurchgegangen. Ich habe ihm viel von meinem Leben erzählt und er hat mich vieles gelehrt. Er stammte aus einem ganz anderen Universum, hatte Eltern, die seit 40 Jahren verheiratet waren. Er war in dieser Hinsicht völlig unbelastet. Nach einer enttäuschten Liebe und deren Nachwehen, verliebte auch er sich sehr schnell in mich. 1993 zogen wir schließlich in eine gemeinsame Wohnung. Wir hatten uns aufeinander eingelassen und verstanden uns gut. Er weiß, wie ich bin, kennt meine Schwächen und meine Empfindlichkeiten. Er verstand es, mich zu halten und mich so anzunehmen, wie ich bin.

1998 haben wir geheiratet. Unser erster Sohn Cédric kam im selben Jahr zur Welt. Unser zweiter Sohn Mathis folgte 2004. Holger ist der liebenswürdigste, zärtlichste und verständnisvollste Mensch, den ich kenne. Dafür liebe ich ihn. Er hat mich nie verurteilt oder kritisiert, hatte nie Angst. Er hat mich gerettet. Er schenkte mir ein ausgeglichenes Leben, denn er ist selbst ausgeglichen. Er baute mit mir ein neues Leben auf, wofür ich ihm niemals genug danken kann. Er ist mein Leben, meine neue Geschichte. Seit ich ihn kenne, bin ich nicht mehr auf der Suche « nach meinem Vater ».

Und heute?

Heute

Mit meiner Familie pflege ich ein gutes Verhältnis. Meine Mutter sehe ich wenig und wegen ihrer Krankheit fällt es ihr schwer, sich zu orientieren. Manchmal vergisst sie, dass ich seit 25 Jahren in Deutschland lebe. Sie ist immer noch mit ihrem Lebensgefährten zusammen, der für mich wie ein Ersatzvater ist. Auch wenn sie nicht in einem gemeinsamen Haushalt leben, besteht diese Beziehung schon seit fast 30 Jahren und sie lieben sich noch immer. Meinen großen Bruder sehe ich wenig. Er lebt weit entfernt in der Vendée. Aber wir denken aneinander und das ist gut so. Er ist verheiratet und führt ein stabiles ruhiges Leben als Mathematik-Lehrer. Mein Bruder hat sich seinen Traum vom Eigenheim erfüllt und ist darauf sehr stolz. Er hat (in seiner Kindheit) auch sehr gelitten. Im Gegensatz zu mir hat er aber wieder einen Kontakt zu meinem Vater aufgebaut.

Mein kleiner Bruder ist ebenfalls verheiratet und Vater von zwei Kindern. Auch er hat sich ein Haus gekauft und eine Familie gegründet.

Er ähnelt von seinem Aussehen und Charakter her am meisten meinem Vater, hat aber nie versucht ihn wiederzusehen, denn er verabscheut ihn von ganzem Herzen. Ich mag meinen jüngeren Bruder sehr, habe aber eine eher distanzierte Beziehung zu ihm. Das liegt bestimmt an der räumlichen Entfernung und an unseren vollkommen verschiedenen Charakteren.

Meiner Schwester hingegen fühle ich mich sehr eng verbunden. Sie liebe ich am meisten und sie weiß das auch. Erst kürzlich haben wir uns das wieder gesagt.

Ihre Tochter ist für mich wie eine eigene Tochter, die ich nie hatte.

Meine Schwester hat sehr darunter gelitten, dass ihr Vater nicht für sie da war. Aber sie hat es verstanden, zu ihm wenigstens eine – wenn auch neutrale – Beziehung aufzubauen. Sie hat mir erzählt, dass sie in ihrer Kindheit immer Angst vor den Vätern ihrer Freundinnen hatte. In ihren Augen repräsentierten sie das Schlechte, einen schlechten Vater, der sie verletzt hatte.

Meine Schwester hat in ihren Beziehungen immer ältere Männer bevorzugt. Sie hat in ihrem Leben viel gekämpft und sie ist dabei, diesen Kampf für sich zu entscheiden.

Mit 16 verließ sie die Schule, führte ein unbeständiges Leben und begann im Alter von 36 Jahren ein Studium. 2014 schloss sie es mit dem Master erfolgreich ab. Sie arbeitete danach lange in einer Schlüsselfunktion für ein bekanntes französisches Unternehmen in unserer Heimatstadt.

Mittlerweile arbeitet sie als Selbstständige in der Erwachsenenbildung.

Sie hat sich ein Haus gekauft und den Mann ihres Lebens kennengelernt. Die Zukunft wird zeigen, wie es mit ihnen weitergeht und ob ihr Glück bestehen kann. Sie hat einen langen Weg hinter sich und ich bin stolz auf sie.

Ich habe einen meiner Halbbrüder wieder gefunden. Ihn habe ich damals besonders gern gemocht. Er hat den Norden Frankreichs verlassen und lebt nun in Barcelona. Seine Freundin ist sehr süß und liebenswert. Er hat es

geschafft, voranzukommen, auch ohne einen Vater. Er hat mir oft erzählt, dass er nur wenige Erinnerungen an ihn hat und dass es ihn darum nicht sonderlich belastet.

Aber ≪ sie ≫ möchte ich auf keinen Fall mehr wiedersehen, auch nicht den anderen Halbbruder und die Halbschwestern. Nicht aus Bosheit, sondern weil es keinen Grund dafür gibt, denn unsere Leben haben nichts miteinander gemein.

Mein Vater? Im Dezember 2008, kurz vor Weihnachten, habe ich mich entschlossen ihn zu besuchen. Er war gezeichnet vom Lymphdrüsenkrebs und hatte nicht mehr lange zu leben.

Am 24. Dezember trafen wir uns bei ihm zu Hause. Wir hatten uns 20 Jahre nicht gesehen. Wegen seiner Krankheit war er stark abgemagert und glich nicht mehr dem Vater, den ich einst kannte. Er war nun ein alter Mann, der dem Tod geweiht war. Es war bedrückend.

Am 28. Dezember fiel er ins Koma und am 3. Januar starb er schließlich. Bis zum Schluss litt er unter starken Schmerzen.

Mein großer Bruder war bis zu seinem letzten Atemzug bei ihm. Mein kleiner Bruder stand meiner Schwester bei.

Ich glaube, er hat⁻ bewusst oder nicht – darauf gewartet, dass ich ihn noch einmal besuche, bevor er geht. Ich habe endlich meine Trauer überwunden und mit diesem abwesenden Vater meinen Frieden gemacht. Nach seinem Tod bin ich zur Ruhe gekommen. Heute sehe ich in ihm nicht mehr den Vater, der uns im Stich gelassen hat, sondern einen verstorbenen Vater, der keinen Schaden mehr anrichten kann.

Meine beiden Söhne haben ihn lange vor seinem Tod kennengelernt und ich denke, dass er sie sehr lieb gehabt hat. Seine Rolle als Vater hat er nicht erfüllt,

aber ich glaube, er war ein toller Großvater.

Mit meiner Freundin Estelle bin ich immer noch, seit 30 Jahren, eng verbunden.

Ich habe Sophie wiedergetroffen, die heute in Genua lebt. Sie besuchte uns zusammen mit ihrem Lebensgefährten im September 2013 in Deutschland. Und sie ist stolz auf mich und auf das, was ich aufgebaut habe.

2013 habe ich auch meine Freundin Montse nach über 25 Jahren wiedergesehen und das war einfach wundervoll. Sie hat sich gar nicht verändert und wir waren noch genauso vertraut miteinander wie damals. Ihr Leben dreht sich nach wie vor um sich selbst, denn sie ist immer noch alleinstehend und hat keine Kinder. Das Wichtigste sind ihre Eltern und ihre Familie.

Im Jahr 2011 wollte ich wieder Kontakt zu Pere aufnehmen. Es gelang mir, ihn übers Internet und soziale Netze ausfindig zu machen.

Es stellte sich heraus, dass auch er mich wiederfinden wollte. Wir schrieben uns eine Zeit lang und sahen uns schließlich im Juni 2013 in Spanien wieder. Das war für uns beide ein sehr intensiver Moment. Er hat eine zauberhafte sechsjährige Tochter und ist mittlerweile geschieden. Vor ein paar Jahren starb sein Vater, aber ich hatte wenigstens das Glück in diesem Sommer seine Mutter zu besuchen. Das war ein ungemein starker Moment voller Erinnerungen und Gefühle. Pere und ich pflegen mittlerweile eine schöne, freundschaftliche Beziehung.

Ich betrachte ihn heute als meinen besten Freund. Ich habe ihn sehr gerne und er weiß es auch. Er wird immer ein Teil meines Lebens bleiben, denn mit

ihm fing meine « spanische Geschichte »
an. Ich habe ihm meinen Mann und
meinen Kindern vorgestellt und das Eis
war schnell gebrochen.

Mein Mann ist ein
außergewöhnlicher Mensch. Pere ist
ebenso aufgeschlossen wie er. Wie ich
meinem Mann immer gesagt habe: « Er
ist ein prima Kerl, ich schätze ihn sehr.
Seine Freundschaft ist mir sehr wichtig.
Du wirst schon sehen, Pere ist toll! »
Und ich habe das Glück, einen sehr
großherzigen und wunderbaren Ehemann
zu haben.

Eine Person fehlte mir zu guter
Letzt noch: Catherine. Sie sollte mich
zum Ausgangspunkt meiner Reise
zurückführen.

Seit unserem Spanienurlaub in
Rosas war der Kontakt zu ihr verloren
gegangen. Ich weiß nur noch, dass sie
sich von ihrem Verlobten getrennt und
eine Ausbildung in der Touristik-

Branche begonnen hatte. Sie hoffte,
danach nach Spanien zurückkehren zu
können. 5 Jahre versuchte ich, sie
wiederzufinden.

Ich suchte übers Internet und schrieb
sogar einen Brief an ihren Onkel aus
Rosas. Leider ohne Erfolg. Ich erinnerte
mich daran, dass ihre Schwester
Claudine heißt und Tiere gerne mag, und
rief 2014 auf gutes Glück eine Nummer
in Frankreich an. Ihre Mutter war am
Telefon. Sie erzählte mir, dass Catherine
2005 im Alter von 41 Jahren an
Brustkrebs gestorben sei, den sie mit 33
bekommen hatte. Catherine hatte ihren
« spanischen Traum » Wirklichkeit
werden lassen. Sie lebte lange dort und
ist erst am Ende nach Hause zu ihren
Eltern zurückgekehrt. Ich hatte sie
endlich gefunden. Jetzt ruht sie in
Frieden auf einem Friedhof in
Südfrankreich. Mir gelang es auch, Toni
wiederzufinden, der Teil meiner

Geschichte ist. Er ist wie ein Vater, aber vor allem ein Freund, mit dem ich viel geteilt habe. Bald werde ich ihn wiedersehen und warte darauf schon ungeduldig.

Und ich?

Holger und ich kennen uns jetzt seit 25 Jahren, seitdem ich nach Deutschland kam. Wir leben seit 24 Jahren zusammen und sind seit 1998 verheiratet. Wir haben uns unseren Traum erfüllt und ein Haus im Frankfurter Umland gekauft. Ich habe alles getan, um es schön einzurichten und zu dekorieren, damit es zu uns passt und wir uns darin wohl fühlen.

Mir ist noch in Erinnerung, dass ich mich als Kind nicht getraut habe, Freundinnen zu mir einzuladen, weil ich mich für mein zu Hause schämte.

Meine Mutter hatte sich, auch aus

Zeitmangel, nie darum bemüht, unser Heim hübsch einzurichten.

Wir haben zwei wunderbare Kinder (18 und 12) und sind beide berufstätig. Mein Mann ist Doktor der Chemie und arbeitet als Projektmanager. Er ist ein harter Arbeiter und Kämpfer. Unsere Kinder sind zweisprachig und wachsen in einer Familie auf, die zusammenhält und wo finanziell alles geregelt ist.

Wir alle stehen uns sehr nah und gehen liebevoll miteinander um. Die Kinder kennen meine Geschichte und selbst wenn sie es sich nicht vorstellen können, wie es ist, ohne Vater aufzuwachsen, verstehen sie, dass ich darunter gelitten habe.

Sie hängen sehr an ihrem Vater, der sie über alles liebt. Er ist immer für sie da. Mir kommt es immer noch komisch vor, « Papa » zu sagen. Ein großes Wort für jemanden, der es nie selbst benutzt hat!

Und mir wird jedes Mal warm ums Herz, wenn ich sehe, wie eingeschworen meine Kinder und ihr Papa sind.

Cédric, mein ältester Sohn, geht auf eine Gesamtschule und hat mit Französisch als erster Fremdsprache begonnen. Er spricht außerdem gut Englisch und Spanisch. Jetzt bringt sich selbst Japanisch bei. Er interessiert sich für Chemie und möchte später gerne in die naturwissenschaftliche Richtung gehen. Er ist ein ganz normaler Junge und ist sehr vernünftig. Im vergangenen Jahr hat er sich einen Traum erfüllt und war in den USA bei einem Schüleraustausch.

Mathis, unser Jüngster, ist mittlerweile so wie sein Bruder ebenfalls in der Französischklasse. Er ist ein Bastler und interessiert sich sehr für technische Dinge. Er wäre gerne Architekt oder Raumfahrtingenieur.

Ich bin unglaublich stolz auf meine Jungen.

Was mich betrifft, ich habe gleich nach meiner Ankunft in Deutschland innerhalb von kurzer Zeit Deutsch gelernt. Meine erste Anstellung war bei einer Zeitarbeitsagentur im internationalen Verkauf. Das ermöglichte es mir, eine Festanstellung im IT-Bereich bei Siemens zu bekommen, wo ich als internationaler Produktmarketing Manager arbeitete. 2009 verließ ich Siemens und arbeite nun als Consultant für Marketing und Export bei einer großen französischen Bank.

Ich habe etliche Ausbildungen im Marketing absolviert, darunter in visueller Kommunikation und Grafikdesign. Ich habe nie aufgehört zu arbeiten, auch nicht nach der Geburt meiner Kinder. Das stand für mich immer außer Frage. Und das in einem Land, wo man von der Mutter erwartet, dass sie

nach der Geburt der Kinder zu Hause bleibt. Ich wollte dieser unausgesprochenen Regel nie folgen, was mir von deutschen Müttern und meiner angeheirateten Familie viel Kritik eingebracht hat. Ich habe mich aber nicht beirren lassen und stehe zu meiner Entscheidung. Ich habe meine Ausbildungen gemacht als die Kinder noch klein waren. Mein Großer war 6 und der Kleine noch ein Baby.

Ich habe 30 Stunden pro Woche gearbeitet und abends gelernt. Ich hatte das Glück, einen Mann zu haben, der mich nach Kräften dabei unterstützt hat und danke ihm für alles.

Ich bin sehr stolz darauf, dass ich in weniger als 2 Jahren meine Ausbildung abschließen konnte, die normalerweise länger dauert. Vor allem weil ich gleichzeitig noch zur Arbeit ging und ein Baby zu Hause hatte.

Ich spreche 8 Sprachen. 5 davon fließend, darunter Katalanisch.

Vor drei Jahren habe ich mich der Herausforderung gestellt und Katalanisch gelernt. Ein Jahr später beherrschte ich die Sprache. Die Wette war gewonnen! Ich kann mich jetzt in der Sprache Antoni Gaudis ausdrücken, Zeitschriften lesen, Nachrichten hören und mit meinen Freunden politische Diskussionen führen wie über die Unabhängigkeit Kataloniens. Ich habe auch wieder angefangen, Russisch zu lernen und hoffe, bald wieder ein gutes Niveau zu erreichen.

Schon immer habe ich mich für Sprachen begeistert. Diese Leidenschaft hat mich, seitdem ich Englisch gelernt hatte, nie mehr losgelassen und wird mich mein Leben lang begleiten. Dadurch konnte ich im Ausland Arbeit finden. Natürlich wurde ich nicht eingestellt, weil ich so viele Sprachen

beherrsche, sondern weil die jeweilige Sprache konnte, auf die es ankam.

Meine jetzige Arbeit habe ich zum Beispiel gefunden, weil ich fließend Französisch und Deutsch spreche. In Deutschland konnte ich ganz neu starten und mir eine Zukunft aufbauen. Hier habe ich das Arbeitsleben kennengelernt. Hier habe ich den Mann meines Lebens kennengelernt. Er teilt mit mir seit 25 Jahren die schönen Momente und auch die traurigen. In Deutschland habe ich die Informatikbranche kennengelernt. Dort habe ich mir ein Haus gekauft und tanzen gelernt.

Manchmal komme ich mit dem kühlen Temperament in diesem Land nicht klar und finde es schwierig. Aber hätte ich in Spanien oder Frankreich ein leichteres Leben gehabt? Ich wollte nie wirklich nach Frankreich zurückkehren und noch weniger in dessen Norden, wo ich herkomme. Aber vielleicht nach Spanien, wo ich meine Tage mit Holger beschließen würde? Ja, das ist einer meiner Wünsche, mit Holger und den Kindern natürlich. Wann und wie weiß ich nicht. Aber ich weiß, dass dieses wundervolle Katalonien auf mich wartet.

Zusatz :

Nachdem ich mein Buch geschrieben hatte, hatte ich das Glück, einer ganz tollen Person zu begegnen, mit deren Hilfe ich mich von den « alten Dämonen meiner Familie » befreien konnte. Sie brachte mir bei, wie ich sie loswerden und stark und selbstbewusst werden konnte. Ich habe « mental » mit meinem Vater Frieden geschlossen. Jetzt kann ich sagen, dass ich ihn nicht mehr hasse und dass ich ihm vergeben habe. Ich habe meinen inneren Frieden gefunden und mich mit meiner Vergangenheit ausgesöhnt. Ich liebe

meinen Vater und denke, dass ich, wenn
er nicht gestorben wäre, versucht hätte,
wieder zu ihm zu finden.

Verlassen

2014

Ein fiktives Interview

Guten Tag. Danke, dass Sie sich die Zeit für ein kleines Interview genommen haben, kurz nachdem ihr Buch erschienen ist.

Zuerst, warum dieses Buch und warum gerade jetzt ?

« Ich bin jetzt um die fünfzig und habe mehr als die Hälfte meines Lebens in Deutschland verbracht. Ganz zu schweigen von meinen Aufenthalten in Spanien und Großbritannien oder sonstigen Reisen ins Ausland. Ich denke, es ist normal, dass man in der Hälfte seines Lebens Bilanz zieht. In den letzten Jahren hatte ich mit einigen Problemen zu kämpfen, darunter dem

Verlust der Arbeitsstelle und dem Verlust meines Selbstvertrauens.

Aus den falschen Gründen, nämlich weil ich nicht arbeitslos sein wollte und aus finanziellen Gründen, nahm ich voreilig einen Job an, für den ich eindeutig überqualifiziert war. Diese Stelle war der absolute Horror. Ich wurde ständig unter Druck gesetzt.

Der Chef war ein Despot, der mich niedermachte und meine Qualifikationen in Frage stellte. Sein Macho-Verhalten erinnerte mich an meinen Vater. Seine permanenten Anfeindungen haben mich am Ende sogar krank gemacht. Das alles hat mich sehr mitgenommen. Darum habe ich gekündigt. Ich habe mir gesagt, dass ich einen Schlussstrich ziehen und das Ganze hinter mir lassen muss. Ich habe darüber sehr viel mit einer Freundin gesprochen, die Heilpraktikerin ist.

Sie sagte mir, dass ich das Problem

mit meinem Vater nie verarbeitet habe und dass ich endlich einmal alles, was mich in meiner Kindheit und Jugendzeit verletzt hat, aufschreiben solle.

Sie meinte, dass es endlich an der Zeit sei, dass ich mich davon befreie und dass ich diese Lebenssituation indirekt selbst zugelassen habe, weil ich eine « Tür offen gelassen habe ».

Kann man sagen, dass es für Sie eine Art Therapie war, als Sie Ihre Geschichte, die Suche nach dem Vater, aufgeschrieben haben?

« Das war nicht nur eine Therapie. Es war die reinste Folter. Immer wenn ich an meinem Buch weiterschrieb, kamen schmerzhafte Erinnerungen wieder hoch und das setzte mir ganz schön zu. In diesen Momenten brauchte ich eine Möglichkeit, um damit fertig zu werden.

Dabei hat mir die BSFF-Methode (Be set free fast) sehr geholfen. Kurz gesagt besteht diese Methode darin, seine verschütteten Emotionen und schmerzliche Erinnerungen ans Tageslicht zu fördern, um sie dann zielgerichtet zu « behandeln » – man sagt sich dann: « Es ist gut, gehe in Frieden und verschwinde aus meinem Leben! Das alles ist vergangen!».

Ja, dieses Buch zu schreiben, war eine richtige Therapie für mich.

Eigentlich war meine erste Therapie, dass ich 2008 zu meinen Vater wieder Kontakt aufgenommen habe. Ich schrieb ihm einen Brief und fragte ihn darin nach dem « Warum?». Das Ganze wurde konkreter, als ich seinen Antwortbrief bekam (siehe Anfang). Darin sagte er mir, dass er mich liebt und dass er mich um Verzeihung bittet. Als ich ihn dann Ende Dezember 2008 kurz vor seinem Tod besuchte, hat mir

das sehr viel bedeutet und mir gut getan.
Dieser Schritt war, ich gebe es zu, rein
egoistisch, denn mein Interesse war vor
allem, mit mir selbst ins Reine zu
kommen und nicht so sehr, ihm zu
begegnen.

Als er dann ein paar Tage später
verstarb, sagte ich zu mir: « Es ist in
Ordnung so. Er kann jetzt gehen. Ich
habe meinen Frieden gemacht. » Am 3.
Januar, seinem Todestag, hatte ich
endlich die Suche nach « der Geschichte
mit meinem Vater » abgeschlossen.

**Wie schauen Sie heute auf ihre
Erfahrungen zurück?**

« Ziemlich gemischt. Ich habe lange
darunter gelitten, dass ich nicht so wie
die anderen Kinder aufgewachsen bin.
Und daran, dass so vieles an meiner
Geschichte sehr schmerzhaft ist: das
Schweigen, die Stille, die Nicht-Präsenz,

das Nie-Gesagte, die Zurückweisungen und der allgegenwärtige Schmerz in mir. Ich kann den Verlauf der Vergangenheit nicht mehr ändern, aber ich habe gelernt, damit zu leben, das alles in den Griff zu bekommen.

Bislang sah ich mich als Opfer. Das war ich auch. Gleichzeitig haben mich meine Erfahrungen früh gelehrt, zu kämpfen. Ich habe eine Kämpfernatur und habe den starken Willen mich durchzusetzen, Hindernisse zu überwinden, nie aufzugeben.

Aber in mir steckt immer noch diese tief verletzte Person, die sich nach dem Leben eines kleinen Mädchens sehnt, das ich nie hatte. Die intakte Kindheit fehlt mir, aber ich lebe damit, nehme es an.

Jetzt lebe ich im Frieden mit meiner Vergangenheit und vor allem lerne ich, mich zu lieben ».

Wie blicken Sie auf Ihre Mutter und Ihren Vater?

《 Mit gemischten Gefühlen. Es ist ein bisschen von allem dabei: Traurigkeit, Wut, Verachtung aber auch Gleichgültigkeit.

Traurigkeit deswegen, weil meine Mutter, die ich liebe, immer abwesend war. Das findet sich überall in meinem Buch. Materiell gesehen war sie schon da, denn sie verdiente das Geld für die Familie, arbeitete oft nachts.
Leider war sie emotional überhaupt nicht präsent. Wenig Zärtlichkeit, kein Kuss, kein 《 ich liebe dich 》. Wenn ich daran denke, wie oft ich das zu meinem Mann und meinen Kindern sage, macht es mich traurig, dass meine Mutter sowas nie fertig brachte, uns keine Geborgenheit geben konnte.

Wut, weil sie ihrer Verantwortung als Frau nicht gerecht geworden ist. Obwohl es nicht meine Angelegenheit war, hat sie mich, ihre zwölfjährige Tochter, in ihre Beziehungsprobleme hineingezogen. Sie hat ihre Erwartungen auf mich übertragen und mich dadurch indirekt zu einem Teil ihres Konflikts gemacht. Lange habe ich sie entschuldigt, habe mir eingeredet, dass es ihr schlecht ging oder dass sie depressiv war ».

Und ich?

« Ich war doch nur ein Kind. Ich hätte mit all dem nichts zu tun haben dürfen. Für meinen Vater und « sie » empfinde ich nur Gleichgültigkeit. Er war sehr schwach und feige.

Alles war eine Lüge und er schaffte es noch nicht einmal uns zu erklären, warum er weggegangen war.

Unsere Kindheit und Jugendzeit war gebaut auf Betrug, Einfältigkeit und Unverantwortlichkeit uns Kindern gegenüber. *Er* hat uns verlassen. *Er* hat nicht versucht, Teil unseres Lebens zu sein.

Er war unfähig, meine Mutter zu unterstützen und sei es auch nur finanziell. Deswegen musste meine Mutter im Schichtdienst arbeiten, um mehr zu verdienen. Deswegen waren wir Kinder nachts allein in der großen Wohnung.

Ich glaube, Mama ließ uns schweren Herzens allein zurück, wenn sie abends zur Arbeit ging. Vor allem, weil meine Schwester noch sehr klein war.

Wie konnte er es nur zulassen, dass seine Kinder nachts allein schliefen, während er in seiner gemütlichen warmen Wohnung saß?

Ich weiß darauf keine Antwort. Es gibt keine. Es war halt so ».

Sie haben eine spezielle Beziehung zu der Person, die Sie in Ihrem Buch immer nur ❮ sie ❯ nennen. Diese Beziehung erscheint ziemlich inkohärent?

Inkohärent? Als ❮ sie ❯ in unser Haus kam, war ❮ sie ❯ für mich wie ein Geschenk, wie eine große Schwester. Und weil Mama nie da war, habe ich die Nähe zu ❮ ihr ❯ gesucht.

Im Grunde war ich immer auf der Suche nach Zuwendung und Zärtlichkeit und ❮ sie ❯ verstand es, mir das zu geben. ❮ Sie ❯ hörte mir immer zu und war großzügig zu mir.

Erst sehr viel später begann ich, Abstand zu ❮ ihr ❯ zu halten. Als ❮ sie ❯ anfing, destruktiv und gewalttätig zu werden, war es für mein zerbrechliches Gleichgewicht bereits zu spät.

Ich begann, ❮ sie ❯ wiederzusehen, weil ich ❮ sie ❯ im Grunde immer noch sehr mochte und weil ❮ sie ❯ mir das

gab, was meine Mutter nicht konnte: Geborgenheit und ihre Gegenwart. Man kann sagen, dass « sie » wie eine Art Droge war.

Es war sehr schmerzhaft, mich von « ihr » zu lösen und eine Distanz aufzubauen. Heute ist « sie » mir, und ich sage das ohne Hass, gleichgültig, genauso wie mein Vater.

Wie hat Ihr Umfeld darauf reagiert, als Sie erzählten, dass Sie ein Buch schreiben wollen?

« Mein Mann war überrascht und ging wohl nicht davon aus, dass ich es zu Ende bringe. Aber er hat mich unterstützt, denn er kannte meine Geschichte, wenn auch nicht in allen Einzelheiten.

Er sagte mir, er würde sich einen Schubs geben und mein Buch lesen, obwohl es ihm wahrscheinlich sehr nahe gehen würde. Er liebt mich und hatte große Bedenken, dass dieses Buch mich destabilisieren könnte.

Meine Schwester kennt meine Vergangenheit und fand meine Initiative super. Sie hat mich sofort ermutigt. Sie teilt mit mir dasselbe Schicksal, aber nicht dieselben Erinnerungen, da uns 9 Jahre trennen. Ihre Geschichte ist darum eine andere. Sie hatte das Glück, eine Therapie zu machen und von einem Psychiater begleitet zu werden. Allein hätte sie es vermutlich nicht geschafft. Ich war damals nicht in Behandlung.

Dieses Buch brachte viele schwere Verletzungen wieder an die Oberfläche, die tief in mir begraben waren. Aber das war notwendig. Ich behandle sie, ich stelle mich ihnen auf eine gelassene und angemessene Art und Weise.

Meine Schwester sagt immer, ich hatte das Glück, einen Partner zu finden, mit dem ich eine stabile

emotionale Verbindung aufbauen konnte. Mein Mann ist jemand, der zärtlich, romantisch und liebevoll ist ».

Haben sie vorher mit Ihren Kindern über Ihr Leben gesprochen?

« Ja, sicher. Vor allem mit meinem großen Sohn. Auch wenn ich selbst keinen Kontakt zu meinem Vater haben wollte, habe ich meinen Kindern nie verboten, ihn zu sehen. Ich habe ihnen oft in für Kinder verständlichen Worten erklärt, warum ich ihn nicht treffen möchte und warum er mich verletzt hat.

Mein kleiner Sohn ist noch zu jung, um zu verstehen, was für ein Leben ich gehabt habe. Er versteht die Bedeutung des Wortes « Scheidung », weil einige Kinder seiner Klasse geschiedene Eltern haben.

Aber der Lebensgefährte meiner Mutter ist für beide der « Papi », der

Opa. Er versteht nicht, dass er nicht mein Vater ist. Die Kinder haben, so wie alle Kinder, Angst, dass ihre Eltern sich trennen könnten. Woraus folgt, dass eine Scheidung immer eine Verletzung fürs Leben bedeutet.

Ich glaube nicht, dass es « glückliche Scheidungen » gibt. Meine Kinder sind stolz auf ihre Mutter, die Schriftstellerin ».

Sie haben jetzt eine eigene Familie. Welche Werte möchten Sie ihr vermitteln? Welche Fehler möchten Sie nicht mehr machen?

« Gegenseitiger Respekt ist mir sehr wichtig und dass man nicht lügt, wenn etwas nicht funktioniert.

Wir sind eine Familie, halten zusammen. Jeder hat seinen Platz, seine Rolle. Wir sind aufrichtig zueinander. Mein Mann und ich haben keine

Geheimnisse voreinander. Wenn uns etwas bedrückt, reden wir darüber. Dabei halten wir die Kinder aus den Erwachsenenproblemen heraus. Wir wollen sie damit nicht belasten.

Sogar als ich 2009 meine Arbeit verloren habe, haben wir versucht, die Situation entspannt zu halten und nicht zu dramatisieren.

Wir versuchen, im Gleichgewicht zu bleiben und zusammenzuhalten. Wir sagen uns täglich « ich liebe dich » und geben einander Geborgenheit. Wir geben unseren Kindern Verantwortung, lassen sie aber Kind sein und sich in ihrer eigenen Geschwindigkeit entwickeln. Wir tun alles, um ihnen emotional und auch materiell eine sicheres Gefühl zu geben.

Und sie wissen, dass sie auf uns zählen können. Wir helfen ihnen auf ihren Weg durchs Leben.

Kurz gesagt, ich bin sehr stolz auf meine Familie, auf meinen

Mann, meine Kinder und auf alles, was wir zusammen aufgebaut haben ».

Wie sehen Sie sich jetzt und wie sehen Sie Ihre Zukunft?

« Ich bin jetzt viel ausgeglichener.
Vor allem bin ich stolz auf mich selbst. Ich habe viel gelernt, ich habe lange gekämpft und weiß, dass ich wild entschlossen bin, mein Leben zu leben. Es fällt mir noch immer schwer zu vertrauen, aber ich arbeite daran.

Wenn ich um mich herum schaue, auf Freunde und Bekannte, die viel weniger Schwierigkeiten hatten, dann beschleicht mich bei manchen ein ungutes Gefühl, denn sie könnten diese Kehrseite der Medaille noch vor sich haben.

Mein spanischer Freund wuchs ziemlich behütet auf. In den letzten Jahren jedoch hat er viel durchgemacht

und war darauf zweifellos nicht vorbereitet. Ich glaube, dass ich auf vieles gefasst und vorbereitet bin, auch wenn man sich nicht auf alles vorbereiten kann. Ich denke, dass ich dazu neige, die Probleme der anderen stark zu bagatellisieren.

Das ist manchmal eine zweischneidige Sache, denn Probleme, die mir unwichtig erscheinen, können für andere schlimme Folgen haben.

So wie mein Leben jetzt ist, sehe ich eine wunderbare Zukunft vor mir. Ich hoffe natürlich, dass die Liebesgeschichte mit meinem Mann andauert ≪ bis der Tod und scheidet ≫. Meinen Kindern wünsche ich ein erfülltes Gefühls- und Liebesleben .

Ihr Lebensweg ist sehr positiv und zeigt, dass man nie aufgeben soll. Welche positiven Lehren ziehen Sie aus Ihrer Geschichte?

Im Leben gibt es keine Zwangsläufigkeit. Man ist nicht dazu verdammt, zu wiederholen, was die Eltern getan haben. Alle meine Lehrer haben mir ein einfaches, eher düsteres Leben vorhergesagt. Fast niemand von ihnen hat an mich geglaubt.

Das trifft besonders auf das Collège zu. Dort wurde ich oft von den Lehrern herabgesetzt und schikaniert. Aber ich hatte den starken Willen, es zu schaffen.

Manchmal bin ich im Internet auf Seiten unterwegs, wo man alte Schulkameraden wiederfinden kann. Wenn ich dann jemanden finde, teils aus guter Familie, und sehe, was aus ihm oder ihr geworden ist (oder auch nicht), dann bin ich stolz auf meinen Lebensweg.

Das ist die Botschaft, die ich gerne weitergeben möchte.

Wenn man aus einer intakten Familie ohne Geldprobleme stammt, hat

man natürlich beste Ausgangs- bedingungen für die Jugend und Erwachsenenzeit, aber keine Garantie, glücklich zu werden.

Mein Leben, so wie es gelaufen ist, hat aus mir das gemacht, was ich heute bin. Wenn meine Geschichte anderen hilft, aufzustehen und für sich zu kämpfen, umso besser.

Das Wichtigste ist, dass ich gelernt habe, mich zu lieben und das Kind zu lieben, das (seit damals) in mir wohnt.

Danke für dieses Interview.

 Verlassen

INHALTSVERZEICHNIS

Das ist das Jahr, in dem ich folgendes hörte...

Das ist das Jahr, in dem ich folgendes sah...

REFERENZEN

Das ist das Jahr, in dem ich folgendes hörte...

1972

Sheila und ihr Lied « Comme les rois mages ». Jedes Mal denke ich an « sie », denn « sie » war Fan von Sheila.

Mike Brant und Claude François und die Musik von « Popcorn ». Michel Fugain und « Une belle histoire ».

1973

Jean-Michel Caradec « Ma petite fille de rêve » und « La maladie d'amour » von Michel Sardou. Ich hatte seine CD. Patrick Green und Olivier Lejeune « Pot pour rire » und « Avec les oreilles Mr le président ». Ich liebte die Chansons auf ihrer Schallplatte.

1974

Dave mit « Dansez maintenant », Annie Cordy, Michel Delpech « Le chasseur », das ich im Musikunterricht auswendig lernte. Claude François und « Le téléphone pleure », denn das Mädchen war in meinem Alter.

1975

Dave « Du côté de chez Swann », « Vanina », Joe Dassin und « L'été indien » (im Schwimmbad), Nino Ferrer « Le sud », Jean-Claude Borrely « Dolanes Melodie », das ich auf der Flöte spielte.

1976

Dalida « J'attendrai », das ich auf der Flöte gelernt hatte, Brotherhood of Man (weshalb ich mich für die Eurovision, European Song Contest,

interessierte), Jannette « Porqué te vas? » Filmmusik von « Cria cuervos » (die mir Lust darauf gemacht hat, Spanisch zu lernen) und « Allez les verts » für den Fußballclub Saint-Etienne, der im Finale auf Bayern traf.

1977

Laurent Voulzy, Gérard Lenormand und Marie Myriam, die in diesem Jahr die Eurovision (European Song Contest) gewann.

1978

Das Jahr von GREASE und allen Liedern aus dem Album, das ich mir kaufte,

Claude François und « Magnolia for ever », Michel Sardou « En chantant », dabei denke ich jedes Mal an meinen Vater.

1979

Patrick Hernandez « Born to be alive », denn wir wurden jeden Morgen im VVF (Feriendorf) in Colleville sur Mer von den Animateuren damit geweckt, die Bee Gees « Tragedy et Heavens » und « YMCA » von den Village People, Billy Joel « Honesty »

1980

Jean Schultheiss « Confidences pour confidences », sein Aussehen ähnelte meinem Vater: klein und bärtig, Buggles et Pink Floyd « Another brick in the wall », weil ich es in England zum ersten Mal gehört habe, France Gall und « Il jouait du piano debout », weil « sie » France Gall liebte.

1981

Herbert Léonard « Pour le plaisir », Michel Sardou « Etre une femme », weil ich das im Lycée gehört habe, Kim Carnes mit « Bette Davis Eyes », weil mein großer Bruder verrückt nach ihr war und dennoch eine Braunhaarige mit schwarzen Augen geheiratet hat...

1982

F. R. David « Words ». Ein Franzose, der auf Englisch singt und weil ich die Zeitschrift « OK! age tendre » kaufte, konnte ich den Text auswendig. Die Gruppe Imagination, ich hatte ihre Lieder auf meinem Walkman. Und die deutsche Gruppe Trio mit « Da Da Da ». Auch die Lieder aus Spanien wie z.B. von der Gruppe Mocedades « Amor de hombre » und Ana Belen « Planeta agua », weil Pere mir eine Kassette voll mit spanischen Liedern zusammengestellt hat.

1983

Captain Sensible mit « WOT » und Culture Club, die ich in der Disco in Spanien zum ersten Mal gehört habe. Es ist auch das Jahr der romantischen italienischen Lieder: Ricchi e Poveri, Albano und Romina Power, Toto Cutugno. Eurythmics mit « Sweat Dreams », das mein jüngerer Bruder stundenlang auf seiner HiFi-Anlage hörte.

1984

Aha mit « Take on me » und der Beginn eine langen Liebesgeschichte mit dieser Gruppe bis zu ihrer

Auflösung. Natürlich alle Lieder des Albums Thriller von Michael Jackson und die Lieder von der Sendung TOP 50 (Top Charts), zusammengestellt und vorgestellt von Marc Toesca.

1985

Daniel Balavoine, Etienne Daho, Jean-Jacques Goldman, Mylène Farmer aber auch Al Corley « Square rooms », denn er war Schauspieler in der TV-Serie « Der Denver-Clan », die ich schaute, « Chanteurs sans frontières und USA for Africa », weil Michael Jackson dabei war.

1986

Die Gruppe Image mit « Les démons de minuit » und Europe « The final countdown », aber auch Balavoine,

Mylène Farmer und natürlich Aha mit « Stay on these roads ».

1987

Elsa mit « T'en vas-pas ! », denn dieses Lied erzählt von Scheidung und es berührte mich jedes Mal. Ganz bestimmt auch die bekannte spanische Gruppe Mecano. Ich war zwei Jahre später mit Toni und Emma auf ihrem Konzert.

1988

Ein Großteil der Hits aus dem Top 50. Das ist mein bestens Jahr für Lieder seit 1984 und ich höre sie auch heute noch. Es gab Etienne Daho und seine Langspielplatten, was ich immer noch höre, vor allem das Lied « Heures hindoues ».

1989

Eros Ramazotti auf Spanisch « Asi son los amigos », Sinéad O'Connor mit « Nothing compares to you ».

1990

Die CD von den Pet Shop Boys, die ich hoch und runter hörte.

1991

Mein erster Film auf Deutsch ist « Der mit dem Wolf tanzt » und mein erstes deutsches Lied von der Münchner Freiheit « Ohne Dich », Holger hat mir das Lied vorgesungen und ich fand es sehr romantisch.

Das ist das Jahr, in dem ich folgendes sah...

1972

Wichtig für mich waren TV-Serien wie « Colombo », « Les gens de Mogador » oder « La demoiselle d'Avignon » mit einer wunderbaren Marthe Keller, der ich so gern ähnlich sein wollte und die sich in einen Prinzen verliebte. In diesem Jahr entdeckte ich auch die Serie « The sixth sense » mit Gary Collins. Wir verbrachten Nachmittage zitternd vor dem Fernseher. Ich sah auch « Verliebt in eine Hexe » und träumte wie alle Kinder davon, eine Mama zu haben, die zaubern kann.

1973

« Arsène Lupin - der König unter den Dieben » mit dem Nachspann gesungen von Jacques Du Tronc. Die Serie « Die geheimnisvolle Insel », die auf einem

Roman von Jules Verne basiert, «*Anna und der König*» mit Yul Brunner in der Rolle des harten Königs mit dem weichen Herzen. Ich träumte von Annas Kleidern. Es ist das Jahr der Serie «*The champions*», die ich zusammen mit meinen Brüdern nachmittags in dem Park nah bei unserem Haus nachspielte.

1974

«*Kung-Fu*» mit dem Schauspieler David Carradine, der die gewaltlose Verteidigung predigte. Ich entdeckte die Serie «*Les brigades du tigre*» mit dem Titelsong «M'sieur Clémenceau!».

1975

«*Der Unsichtbare*», der seine Maske abnahm und unsichtbar wurde. In dieser Zeit begann ich, TV-Serien zu schauen wie «*Starsky und Hutch*» mit ihrem roten Auto mit den weißen Streifen. Es ist das Jahr der Serie «*Der Planet der*

Affen 》 mit den ersten realistischen Masken, die eigens dafür angefertigt wurden. Die Vorstellung, dass wir in so einer Welt leben könnten, machte mir Angst. Die Serie 《 *Michael Strogoff* 》 hat mich beeindruckt, weil ich einen Großteil der Romane von Jules Verne gelesen hatte, darunter diesen.

1976

In diesem Jahr sah ich die Serie 《 *Reich und arm* 》, gefolgt von 《 *Héritiers* 》 *(die Fortsetzung), die die Geschichte von* Rudy Jordache und ihrem jüngeren Bruder erzählt. Besonders erinnere ich mich an den Kriminellen Falconetti, der im Kampf ein Auge verloren hatte. Ich schaute auch 《 *Drei Engel für Charlie* 》 mit dem nicht sichtbaren Charly. 《 *Nummer 6* 》 (The prisoner) mit Patrick Mc Gohan, Gefangener im 《 Dorf 》. 1990 habe ich während meines Aufenthalts in Wales Portmeirion besucht, den

Ort, an dem die Serie gedreht wurde. Es gab auch « *Der Sechs-Millionen-Dollar-Mann* » und « *Die Sieben-Millionen-Dollar-Frau* ». Im Winter 1976 entdeckte ich die Serie « *Unsere kleine Farm* ». Ich identifizierte mich schnell mit Laura Ingalls, ein kleines schelmisches und draufgängerisches Mädchen. Ich schaute auch « *Sandokan* ».

1977
Die Kinder-Sendung « *Les visiteurs du mercredi* » kam heraus und während des Programms lief « *Barbapapa* » mit einem Papa, der seine Kinder beschützt und mit liebevollen Eltern, die sich um ihre Kinder kümmern.

1978
Die Serie « *Autobus à impérial* » (Here come the double deckers) wurde mittwochs ausgestrahlt während der Sendung « *Les visiteurs du mercredi* » und hat

mir sehr gefallen. Ebenso die Zeichen-
trick-Serie « *Waldo Kitty* », die ich mit
meinem älteren Bruder guckte. Am
meisten hat mich die Serie « *Mondbasis
Alpha 1* » mit Martin Landau und Barbara Bain fasziniert. Der Mond wurde aus
seiner Umlaufbahn geworfen und die
Mannschaft einer Forschungsstation
wurde dazu verdammt, auf der Mondbasis Alpha zu leben. Mein älterer Bruder
und ich hatten uns « Adler » (deren
Raumschiffe) aus Karton gebastelt. In
diesem Jahr guckte ich auch « *Roots* »,
das die Geschichte von Alex Haley und
seinem ersten Vorfahren in Amerika,
Kunta Kinte, erzählt. Ein paar Jahre
später am Lycée habe ich seine Geschichte auf Englisch gelesen.

1979

Ich habe die ersten Zeichentrick-Mangas
wie « *Goldorak - Kampf der Welten* »
gesehen, die ins Fernsehen kamen. Und

eine französische Serie mit dem Namen 《 *Les 400 coups de Virginie* 》, die ich mit meiner Oma sah, wenn ich bei ihr in bestimmten Nächten zu Besuch war, als Mama arbeitete. 《 *Der Mann aus Atlantis* 》 kam zum ersten Mal im Fernsehen mit dem Hauptdarsteller Patrick Duffy, der mit der Serie 《 *Dallas* 》 berühmt wurde.

1980

Ich habe die Serie 《 *Dallas* 》 bei meinem Vater und 《 ihr 》 zu Hause entdeckt. Mein Vater war ein großer Bewunderer von J.R. und wollte unbedingt so aussehen wie er. Er verkörperte für ihn das Ideal eines allmächtigen Mannes mit viel Geld. Ich schaute auch die Serie 《 *Hulk* 》, der scheinbar Normalsterbliche, der sich bei einem Wutanfall in ein Monster verwandelte.

1981

《 *Magnum* 》 mit Tom Selleck in seinem berühmten Ferrari hat mich an vielen Abenden unterhalten. Ich schaute die Serie mit meinem älteren Bruder, weil er ein glühender Verehrer der Vereinigten Staaten war, das Land in dem er gerne gelebt hätte. Ich guckte die französische Serie 《 *Pause-Café* 》, weil Véronique Jeannot die Sozialarbeitern verkörperte, der ich gerne am Collège oder Lycée begegnet wäre.

1982

Ich schaute wie viele andere die Serie 《 *Arnold & Willy* 》, die Geschichte eines amerikanischen Vaters, der zwei bezaubernde schwarze Kinder adoptiert hat. Arnold war sehr rührend in seiner Rolle.

1983

Ich sah die Serie 《 *CHiPs* 》, zwei amerikanische Motorradstreifen-Polizisten, mit Erik Estrada, den ich damals total süß fand.

1984

《 Love Boat 》 sah ich Mittwoch nachmittags nach der Uni. Vor allem begann ich die neue Serie 《 Der Denver-Clan 》 zu gucken, die in den USA große Aufmerksamkeit erregte. Ich mochte besonders Al Corley, der die Serie früh verließ, um zu singen.

1985

Eine brasilianische Telenovela startet in Frankreich. Mehrere Wochen verfolgte ich die Heldentaten zweier Zwillingsbrüder, die sich nicht kannten. Die mexikanische Serie 《 Danse avec moi 》 (Baila commigo) brachte mich zum Weinen und zum Lachen. Ich fühlte mich an meine eigene Geschichte erinnert, denn die beiden Brüder waren auf der Suche nach ihrer Identität.

1986

Ich begann « *Miami Vice* » zu schauen,
vor allem wegen der schönen blau-
grünen Augen des Schauspielers Philip
Michael Thomas. Es ist die Zeit der ersten freien Fernsehsender.

Ich entdeckte die Serie « *Knight Rider* »
und vor allem « *Star Trek* »,
die ich immer noch aus Nostalgie schaue.
Meine Leidenschaft für « *Star Trek* »
teilen auch meine zwei Kinder und mein
Mann.

1987

« *MacGyver* » ist die Serie, die ich
zweifellos am meisten gemocht habe,
denn Richard Anderson hat immer wunderbare Streiche ausgeheckt. Ich erinnere mich daran, als ich mit meinem Mofa
eine Panne hatte. Dank einem seiner
Tricks konnte ich mein Mofa reparieren
und weiterfahren. Mit dieser Serie

begann ich, mich fürs Basteln zu interessieren. Dann gab es noch die Kult-Serie « *Wer ist hier der Boss* », die fast alle in der Familie schauten: meine beiden Brüder und meine Schwester. Meine Schwester und ich waren in den Schauspieler Tony Danza verliebt, der die Rolle des Super-Papas Tony Micelli, des Alleskönners, spielte.

1988

Sonntagmorgens stand ich auf und guckte das Manga « *Candy Candy* ». Ich weiß, das war eigentlich nicht für mein Alter gedacht, aber so romantisch!

1989

Ich schaue die Serie « *California Clan* » in Lille. Ich teilte mir eine Etage mit Catherine und sie hatte einen Fernseher in ihrem Zimmer. Als Gegenleistung dafür, dass ich für sie

kochte, konnte ich zusammen mit ihr fernsehen und war so nicht allein.

1990

In England schaue ich 《 *Nachbarn* 》 (Neighbors) , 《 *Home and away* 》 und die berühmte Serie 《 *Coronation Street* 》 mit Frank Dubosc, der damit seine Karriere startete. Ich begann, die 《 *Schwarzwaldklink* 》 zu schauen.

1991

In Deutschland schaute ich, sobald ich Deutsch verstand, die Serie 《 *Raum-schiff Enterprise - Das nächste Jahrhundert* 》.

REFERENZEN

Musik und Film

http://www.archives80.com/
http://fr.wikipedia.org/wiki/1980_en_mu
sique

Praxis Daniela Schröder, Heilpraktikerin

http://www.praxis-larimar.com

BSFF : Be Set Free Fast nach Larry
Nims

http://www.bsff.de/.com (en allemand)

Erinnerungen

Valenciennes

http://www.valenciennes.fr/

Barcelone

http://www.barcelona.es/

Gérone

http://www2.girona.cat/ca

Olot

http://www.olot.cat/

Pals

http://www.palsturisme.com

Sabadell

http://www.sabadell.cat/es/

LLandudno

http://www.llandudno.com/

Notizen:

 Verlassen

MIXTE
Papier issu de sources responsables
Paper from responsible sources
FSC® C105338
FSC
www.fsc.org